성균 논어

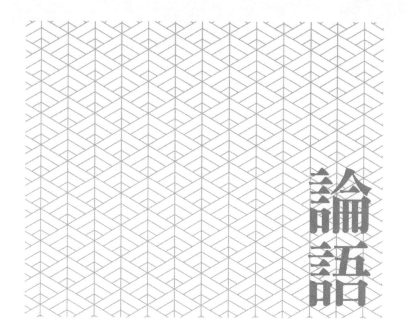

論語

성균 논어

이천승·고재석 지음

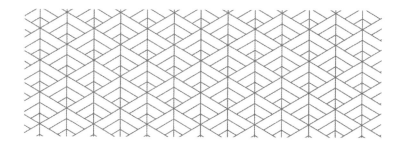

성균관대학교
출판부

제1부

인仁 사람을 만나다

1장 사람다워야 사람이다

제2부

의義 정의를 행하다

3장　의로움을 세우다

4장 의로움으로 경영하다

제3부

예禮 문화를 세우다

5장 예를 배우다

6장　일상에 젖어들다

제4부

지智 공부에 빠지다

7장　지혜를 구하다

8장 공부로 새로워지다

세상을 바라보는 또 하나의 '창窓'

『논어』, 변화의 중심에 서다

북한산을 마주한다. 굳세게 뻗어나간 능선 위로 우뚝 솟은 봉우리, 인수봉을 보고 있노라면 마음도 절로 굳세어지고 당당해진다. 사람 마음은 다 똑같나 보다. 주변에 늘어선 건물들이 하나같이 우뚝 솟은 봉우리를 향해 창을 냈다. 어떤 집은 도화지만한 창을, 어떤 빌딩은 삼면이 훤히 내다보이는 통유리창이다. 어느 것이든 창은 가치 있는 대상과 소통하는 통로이자, 세상을 의미 있게 바라보는 인식의 출발이다.

흔히 새로운 변화를 감지하지 못하고 익숙해진 기존의 방식만을 고집하여 뒤처지는 사람을 철부지라 한다. 변화가 상당히 진행되고 나서 뒤늦게 부랴부랴 수선 떠는 것은 떠나간 기차를 바라보는 것과 같다. 경쟁이 치열한 경영 현장에서 변화에 적절히 대응하지 못하면 파산이라는 결과를 초래할 수도 있다. 코닥은 휴대용 카메라로 세계인의 일상을 바꾸었다. 그러나 세계 최초로 디지털카메라를 개발했음에도 불구하고 급변하는 디지털화를 예측하지 못했다. 그 결과 130년간 누렸던 필름 명가의 명예를 내려놓고 말았다.

변화를 알고 그에 대처하는 것은 매우 어렵다. 변화가 막 시작되는 시점에는 그 조짐이 은미하여 파악하기 어렵고, 한참 진행되는 과정에는 그 속도가 너무 빨라 따라가기가 쉽지 않다. 그렇다고 해서 변화의 한 중간에 서서 머뭇거릴 수도 없다. 그 변화가 옳은 방향이든 그렇지 않든 생존을 위해서는 반드시 선택이 필요하기 때문이다.

20세기 동아시아는 낯선 서양과의 조우라는 역사적 현실에 직면한 채 이제까지 경험해보지 못한 엄청난 변화의 한복판에 서 있었다. 서구 열강의 강력한 힘 앞에 충격과 좌절을 겪으면서 새로운 변화를 모색할 수밖에 없었다. 이때 동아시아 지식인들의 선택은 철저한 자기 부정과 혁신이었다. 동양 전통의 사상과 문화를 내버리고, 이성·합리·자유·과학이라는 서구적 가치를 적극적으로 수용하였다. 이들은 이러한 근대적 이념이 새로운 세상으로 나아갈 수 있는 새 창이자 삶의 행복을 가져다주는 미래의 대안으로 여겼다.

그런데 21세기 문턱을 넘어선 지금, 새 창이자 미래의 대안이었던 서구적 가치는 또 다른 변화의 요구에 직면하고 있다. 신자유주의로 무장한 자본주의는 무한경쟁과 이기주의로 인해 개인의 고립을 가속화하고 인간관계를 단절시킴으로써 인간성의 파괴라는 심각한 문제를 초래하고 있다. 이러한 시점에 역설적이게도 과거 우리들에 의해 파괴되고 부정되었던 동양의 전통적 가치가 새로운 미래의 창으로 주목받고 있다.

우리는 수많은 창들을 통해 인수봉을 바라본다. 삼면이 통유리로

된 거대한 창도 있고 도화지만한 작은 창도 있다. 인수봉이 주는 감동은 그 창의 크기에 의해 좌우되는 것이 아니라 그 창 앞에 서 있는 우리가 느끼는 몫이다. 현재 우리는 서구적 가치라는 거대한 창을 통해 인수봉을 바라보고 있지만, 그것만이 전부는 아니다. 먼지가 끼어 있는 도화지만한 작은 창, 동양적 가치라는 새로운 창으로 눈을 돌려보자. 이 작은 창으로도 인수봉의 멋진 풍경과 그것이 주는 감동을 오롯이 느낄 수 있다는 생각의 전환이 필요하다.

　물론 사유 방식의 보완이나 전환은 다원적 패러다임을 무시하고 또다시 다른 하나의 방식으로 대체하는 것을 이르지 않는다. 다름이 존중되면서도 조화를 이루는 평화적 방식이어야 한다. 그런 면에서 수천 년간 동아시아 사유의 마르지 않는 샘으로 자리해 왔던 『논어』는 우리의 세상을 바라보는 새로운 창이다.

동아시아 사상문화의 보고 『논어』

　『논어』에 "글로써 친구를 사귄다[이문회우 以文會友]."는 말이 있다. 말은 마음을 밖으로 드러내는 수단이다. 그러므로 말만으로도 같은 시간과 공간 속에서 호흡하는 사람들과 마음을 충분히 나눌 수 있다. 하지만 말은 시간과 공간의 제약을 넘어서지 못한다. 말을 기록한 글이라야 시간과 공간을 뛰어넘어 뜻을 같이하는 벗과 마음으로 만나 공감의 즐거움을 나눌 수 있다. 글은 확산의 힘이 있기 때문이다.

　2천5백 년이 훨씬 넘는 기간 동안 공자는 실로 많은 사람들의 모범이자 마음의 벗이 되었다. 직접 가르침을 받은 제자 안연은 첫사랑에게 받은 선물을 고이 간직하듯 공자가 일러준 말을 행여나 잃을까 마음에 새기고 실천하였다. 자공도 공자가 충고해준 말을 큰 띠에 써서 항상 보고 경계하고자 하였다. 맹자는 비록 공자의 말을 직접 전해 듣지 못했지만, 스스로 공자의 후계자로 자부하면서 살았다. 순자도 배움과 예치 등을 통해 조화로운 사회를 이루는 것이 공자의 정수를 잇는 것이라고 하였다. 400여 년 뒤에 태어난 사마천은 공자의 체취를 느끼기 위해 공자가 살았던 곡부를 직접 여행했다. 그리고『논어』의 많은 언급을 시기별로 정리하여 공자의 전기를 제후들의 기록인「세가世家」에 수록하였다. 남송의 주자는 선현들의 주석과 자기의 관점을 종합하여『논어집주』를 완성하였다. 퇴계와 율곡, 하곡과 다산과 같은 우리나라 선현들도 성학聖學에 뜻을 두고 공자를 닮아가기 위해 평생의 노력을 기울였다.

공자가 바라본 창은 잠시 방치되거나 훼손된 적도 있었다. 하지만 수천 년의 시간적 공백과 수만 리의 공간적 간극을 넘어 여전히 동서양의 많은 사람들에 의해 새롭게 해석되고 있다. 공자가 꿈꾸고 그렸던 세상이『논어』에 글로써 온축되어 있기 때문에 가능한 일이다.

『논어』는 공자와 제자들의 언행을 기록해놓은 책이다. 중궁·자유·자하와 같은 고제자들이 편찬을 주도했다는 견해도 있다. 또한 유독 증삼과 유약만 존칭을 붙여 증자曾子·유자有子라 불렀으므로 증자와 그 문인 자사, 유자와 그 문인 악정자춘 등이 편찬한 것이라 보기도 한다.

'논어'라는 책명에 대한 뜻풀이도 다양하다. 황간은 '논論'이 사람이 지켜야 할 도리인 '윤倫'과 통용되고, '어語'는 서술하다[서敍]는 의미를 내포하고 있으므로, 많은 함축적 이치를 담은 언행을 기술한 책이라고 풀이하였다. 또 '논'이 토론의 의미도 있으므로, 제자들이 각자 기억한 공자의 언행을 충분히 토론하여 모두의 동의를 거쳐 편록한 것이라고 보았다. 반면, 반고는 '논'이 논찬論纂의 의미로, 공자 사후 제자들과 후학들이 공자와 제자들의 언행을 수집하여 편찬한 책이라고 했다. 실제 『논어』는 하나의 주제나 체계를 갖추고 일목요연하게 주장을 펼친 글이 아니다. 편명도 주제와 무관하게 첫 구절의 '자왈子曰'을 제외한 두세 글자로 삼았다. 게다가 『논어』는 이미 오래전부터 진위논쟁에 휘말려 왔다. 문인이 공자를 '부자夫子'라고 일컫고, 문체가 크게 다르거나 역사적 사실에 의심할 만한 것 등이 있는 것으로 보아, 공자의 말이 아니라 후대 사람들이 공자의 권위를 빌려 자신의 말을 적어 놓은 것이라는 의혹도 있다. 한나라 이전까지 『노론魯論』·『제론齊論』·『고론古論』 등의 다른 판본이 존재했었고, 최근 돈황유서·곽점초간 및 죽간본 『논어』 등이 새롭게 출토되면서, 진위 여부에 대한 논쟁은 여전히 진행형이다.

어쨌든 『논어』는 매우 함축적이고 시적인 언어로 기록되어 있어, 그 말이 언제 어디서 어떤 맥락 속에서 나온 것인지 알아내기 어렵다. 하지만 혹자는 육경六經이 바다와 산이라면, 『논어』는 바다를 떠다니는 배이자 산을 오르는 계단이라 하였다. 『논어』가 어떤 한 사람의 손에 의해서나 한 시기에 국한되어 편찬된 책은 아니지만, 공자가 바라본 창을 이해하는 핵심 고전이라는 점은 분명하다.

『논어』의 주인공, 공자

공자의 이름은 구丘이다. 기원전 551년에 태어나 노나라의 구석진 곳에서 한동안 아버지의 존재도 모른 채 편모슬하의 불우한 가정환경에서 성장했다. 그는 어려서부터 제사에 쓰는 제기들을 늘어놓고 놀며 예를 습득했고, 사라져간 은·주의 문화를 묵묵히 체득하며 학문을 닦고 자신을 수양하였다. 관직에 나가서는 군주를 제치고 위세를 부리며 제멋대로 실권을 행사하던 대부들을 강하게 질타하면서 올바른 국가기강을 확립하려고 노력하였다. 이러한 기록은 서로 간에 넘나들 수 없는 질서를 세워 갈등을 완화시키고 평화로운 세계로 나아가려는 의지의 표현이었다. 그러나 약소국이었던 노나라는 그의 이상을 받아들이기에는 한계가 있었기에 고국을 떠나 주변국을 돌아다니면서 자신의 이상을 설파하였다.

출생의 남다름과 고군분투했던 젊은 시절을 제외하고 공자의 일생에서 인상적인 몇 가지 일화가 있다. 공자가 34세 때 당시 실권자인 맹희자가 죽음에 임박하여 아들 맹의자로 하여금 공자에게 수학하도록 유언했고, 그 해 공자는 맹의자 일행을 데리고 수도인 주나라를 탐방한다. 공자의 문화적 충격과 노자를 만났다는 기록도 이즈음에 나온다. 이듬해 노나라에 내란이 발생하고 소공이 이웃 제나라로 쫓겨 가자 공자는 그를 따라 제나라에서 2년여의 시간을 보낸다. 공자가 태산을 넘은 것은 이때가 처음이며 아직도 태산에는 공자와 관련된 기록들이 많이 남아있다.

귀국 후 공자는 노나라 정계에 진출했다. 52세에는 재상 중에서 으뜸인 대사구大司寇에 이르는 등 행정 실무경험을 충실히 쌓았다. 국내 정치뿐만 아니라 무관들을 대동한 협곡에서의 탁월한 외교능력을 발휘하던 시기였다. 그러나 노나라 정공을 대신하여 국정을 농단하던 대부들, 패권을 꿈꾸던 제나라의 미인계에 넘어가는 조정의 현실 등 공자가 넘어야 할 벽은 간단한 것이 아니었다. 이때가 공자 나이 55세로 그는 모든 것을 정리하고 68세까지의 14년에 걸친 길고 긴 여정에 돌입한다. 여행 동안 갖가지 일을 경험하였고 심각한 굶주림에 떨거나 자신을 죽이려는 위험에 빠진 적도 한두 번이 아니었다.

공자의 그 당당한 자신감과 깊은 체험은 자신을 따라 여정에 올랐던 제자들과의 진솔한 대화에 그대로 녹녹히 묻어있다. 사제동행이란 말처럼 동고동락했던 제자들과의 경험은 공자의 사상을 한층 심화시키는 계기가 되었다. 공자는 윗물이 맑아야 아랫물이 맑다고 생각하여 정치하는 사람들의 사고부터 바로잡아야 한다고 하였다. 그리하여 온 사회의 가치가 도덕을 지향하는 어진 세상을 만드는 데 자신의 일생을 바치기로 결심하였다. 구체적 실천 방향으로 그는 청년의 힘, 지식의 힘을 동원하기로 마음먹었다. 가능하기만 하면 이를 바탕으로 정치일선에 나서서 학문과 정치를 결합시키고 싶었다. 자신이 이루지 못한다면 그가 믿고 아끼는 제자들이라도 정계에 진출시켜 뜻을 펴 보고자 했다.

그러나 고집스럽고 자기 생각을 굽힐 줄 모르며 부도덕한 자와 아첨꾼을 거리낌 없이 힐난하는 성격으로 정치적 출세를 하기는 예나 지금이나 어렵다. 온몸 가득 재주를 품고 있으나 이를 풀어낼 자리를 얻지 못했던 공자는 답답하고 괴로웠다. 그럼에도 불구하고 그는 좌절하거나 울분에 차서 세상을 살지는 않았다. 천성적으로 선생 노릇을 즐겼고 여러 가지 방법으로 자신의 정치적 입지를 키워나갔다. 제자를 출세시키는 것도 그 일환이었다.

그는 몰려드는 수많은 제자들을 열심히 가르쳐서 70여 명에 이르는 탁월한 인재를 길러내었다. 특히 아무리 어려워도 학문을 사랑하고 묵묵히 실천하며 짧은 생애를 마감했던 안연, 때로는 스승에게조차 정면으로 반박하면서 자신의 생각을 굽히지 않았던 강직한 성격의 자로, 상당한 재력가 출신이면서 언변에 뛰어났던 자공 등 다양한 성격의 소유자들이 한 자리에 모여 끊임없이 인생과 학문을 논의했던 값진 여정이었다. 공자가 처음 노나라를 떠났을 때 동행했던 제자들은 단지 안연, 자공, 자로, 염유 네 사람 뿐이며, 그들은 공자에게 잊지 못할 제자들이었다. 조국인 노나라를 출발하여 수도권인 위나라를 거쳐, 조曹·송宋·정鄭·진陳·채蔡 등 여러 나라를 다니던 중 점차 제자들이 늘어나서 모두 16제자들이 공자의 사상을 배우고 때로는 신변을 보호하면서 함께 수행하였다. 10살 차이인 자로를 제외하면 안연 등 가장 가까이 했던 제자들의 경우라도 30여 년의 나이차가 난다.

단 며칠 동안의 여행이더라도 일상의 쳇바퀴에서 벗어나 자신을 돌이켜보고 더 멋진 일상의 복귀를 꿈꾸기 마련이다. 50대 중반부터 시작한 14년 동안의 기나긴 여정 속에 세상을 구제하려는 열망으로 가득찬 공자는 사람 사는 세상이라면 어디라도 가리지 않았다. 그는 그 과정에서 만나는 인간군상을 통해 진정한 삶의 모습을 찾고자 노력하였다. 진리에 대한 각성을 뭇 제후들과 함께하고자 설파하였지만, 그를 적극적으로 등용하여 현실을 개혁하려는 큰 안목을 가진 군주들은 없었다. 진리에 대한 확신을 가진 공자는 고국 노나라에서 다시 희망의 싹을 키우기 위해 귀향길에 올랐다. "돌아가야지, 돌아가야지. 크나큰 뜻을 품고 있는 고향의 청년들을 위해서 내 그들의 높은 이상이 꼭 실현될 수 있도록 키워주어야겠다." 그가 저술과 교육에 몰두하다 조용히 여생을 마친 것은 기원적 479년의 일이다. 만년에 그가 모국에서 제자교육에 헌신하면서 길러낸 문하생은 3천명에 달했고, 그 가르침의 기록들이 『논어』 등에 풍부히 남아있다.

『논어』를 이해하는 틀, 인의예지

우리는 이 책에서 『논어』를 '인의예지仁義禮智'라는 개념 틀로 분석하여, 동아시아 가치가 그리는 세상의 본질을 설명하고자 했다. 인·의·예·지는 맹자가 공자 사상의 핵심을 나름대로 재해석한 분석 틀이다. 맹자는 측은해하는 마음, 부끄러워하는 마음, 사양하는 마음, 시비를 가리는 마음을 통해 선의 씨앗을 확인할 수 있다고 했다.

제1부 '인仁: 사람을 만나다'에서는 만물 일체에 기초한 사람다움의 의미를 살펴보았다. 『논어』는 사람이 사람답게 살려면 어떻게 해야 하는가에 대한 기록이다. 사회적 관계 속에서 '너'는 나와 연결된 '남'이다. 그러므로 실천은 나에게서 너에게로 점차 확대되어

우리 모두가 사람답게 사는 것을 완성하는 일이다. 나아가 인간과 자연이 조화롭게 어우러지는 세상의 완성 또한 인의 실천 영역이다. 그래서 제1부는 사람다움의 의미, 그 사람다움의 시작점인 효, 사회관계와 생태계 차원에서 동심원을 그리며 계속 확장되는 인의 실천 등으로 구성했다.

공자가 앉은 자리는 따뜻할 틈이 없었다는 말이 있듯이, 공자의 삶은 개인의 편안함보다는 사람다운 삶의 실천을 위한 구도의 열정으로 점철되었다. 그의 세상을 향한 외침은 일반적으로 '인'의 정신으로 압축된다. 공자 이전에는 인간이 갖춰야 할 여러 덕목 중 인이 특별히 주목받았던 것은 아니었다. 그러나 공자 사후 편찬된 『논어』에서는 상황에 따른 다양한 설명방식이 소개되어 있다. 흔히 사랑으로 번역하는 인에 관한 포괄적인 공자의 진술에는 배려, 관계, 공감, 감사, 봉사, 사람다움 등 다양한 의미를 내포하고 있다. 똑같이 사랑이라 말할 때도 부모에 대한 사랑의 마음에서 나오는 효심, 애인에 대한 따뜻한 마음, 자식을 사랑하는 자애로움 등도 모두 사랑이란 정감의 표출이다. 따라서 인간관계와 사회생활에 필요한 모든 덕목들의 근간으로 자리매김한 인의 개념을 한국어로 단정하기란 쉽지 않다. 우리는 근대 이래 단절되고 위축된 자아를 넘어서는 계기로 타자와의 관계성을 회복하는 측면에서 인의 정신을 되돌아볼 필요가 있다. 우리를 둘러싼 세계를 단순한 관찰의 대상이나 인간의 편리를 위한 이용 대상으로 인식하는 총체적 반성이 필요하다.

제2부 '의義: 정의를 행하다'에서는 무한경쟁 시대에 어진 마음에 기초한 정의로움이 무엇을 의미하는지 탐색했다. 올바름을 뜻하는

의는 우리 마음의 저울추이자 방향타이다. 의는 개인의 행동에 대한 준거임과 동시에 사회 영역의 상반된 이해관계에서 판단의 잣대이다. 제2부는 정치와 경제, 교육 영역에서 의로움이 어떤 방식으로 작동하는지 『논어』의 세계로 안내한다.

정의가 구현되지 못한 현실이기에 정의로운 사회에 대한 열망이 커져가는 것은 외면할 수 없다. 다원화된 사회에서 옳고 그름에 대한 가치 기준조차 선명하지 못한 현대 사회에서 올바름의 실천이란 낯설기조차 하다. 그러나 구차하게 살지 않으려는 이 땅의 지식인으로서 선비들이 보여주었던 도덕적 염원은 여전히 유효하다. 그들은 내 마음의 도덕률에 따른 굳은 신념을 지니면서도 상황에 따른 유연성조차 망각하지는 않았다. 군자의 덕성을 보여주는 사군자에서 대나무의 절개는 상황에 따라 흔들릴 수 있는 유연함이 있어야 가능하다. 흔들릴 때 흔들리더라도 때에 따른 적합한 행위를 지향했던 방향성마저 상실한 것은 아니다. 오직 의만을 가까이 하고 따른다는 절실함 속에는 자신이 지향하는 푯대가 확고하다. 그러기 위해서는 자신의 자리를 제대로 판단하고 상황을 예측할 수 있는 힘이 필요하다. 나아갈 때와 물러설 때를 구분하는 고뇌에 찬 선택도 사회 속의 자기 정체성을 찾는 길이다.

제3부 '예禮: 문화를 세우다'에서는 사람과 사람 사이의 만남에서 타인을 배려하고 조화를 지향하는 행동 양식인 예에 대해 알아보았다. 예라고 하면 자연스러운 사고와 행동을 억압하는 거추장스러운 절차로 여기기 쉽다. 하지만 사람은 홀로 살 수 없고 남과 더불어 산다. 예는 한마디로 사회관계의 내비게이션이다. 제3부에서는 예

의 본질과 형식, 예악의 일상화, 그리고 사람의 일생을 관통하는 관혼상제로 살펴보는 예를 맛본다.

무지는 채워나갈 수 있지만 무례로 인한 관계 회복은 힘들다. 예를 자칫 속박과 형식으로 여기는 분위기에서 인간관계의 시작으로 간주된 예가 뒷전에 밀리고 있다. 예를 배우지 않으면 제대로 처신할 수 없다는 문구를 굳이 들먹이지 않더라도 예는 자신의 품위를 지키고 원만한 사회관계를 위한 지침이다. 마음이 몸에 주는 영향력 못지않게 때로는 몸가짐이 마음에 미치는 관계 또한 간과할 수 없다. 몸은 마음의 창이라고 하듯 몸으로 표현하는 예는 사람됨의 또 다른 표출이다. 예에 대한 관심은 자신의 사사로운 욕망을 극복하고 바람직한 공동체의 질서를 모색하는 과정이며, 결과적으로 나도 살고 남도 살리는 길임을 생각해야 한다.

제4부 '지智: 공부에 빠지다'에서는 성공을 위한 지식 추구의 재미없는 공부가 아닌, 삶을 풍요롭고 행복하게 해주는 참다운 지혜를 추구하는 공부를 살펴보았다. 제4부는 공자와 그 제자들의 학문 공동체 생활을 통해 배움의 기쁨과 공부의 즐거움이 무엇인지 손에 잡힐 듯 그려 보았다. 특히 융·복합적 교육이 실현된 공자의 강의실은 입시 지옥과 확연히 다른 공부의 장면을 보여준다.

높은 교육열을 지닌 우리 사회에서 끝없는 배움의 길은 낯설지 않다. 어렸을 때부터 주변으로부터 적극적인 학습기회를 제공받고, 정규과정 이외에도 남들과의 경쟁에 뒤처지지 않기 위해 끊임없이 노력한다. 그러나 갈수록 넘쳐나는 배움의 양에 지치고, 그것이 나의 삶에 어떠한 의미를 지니는가에 대한 물음은 쉽게 떠나지 않는다. 타성에 젖어 습관적으로 해왔거나 경쟁에 이기기 위해서 혹은 폼 나는 삶을 살기 위해 어쩔 수 없이 해야만 하는 공부였다면, 이제는 그러한 속도에 걸맞는 방향에 대해 진지하게 생각할 때이다. 선현들은 무엇이 옳고 그른지 판단하는 도덕가치를 최우선시 했고, 일상에서 묵묵히 실천하려고 노력했다. 또한 순수하고 깨끗한 마음을 지녔더라도 때로는 상황에 따른 판단의 실수가 악으로 흐를 수 있으므로 평소에 배움을 통한 끊임없는 자기수양의 노력을 기울였다. 공부에 대한 열정도 외부 지식에 대한 이해차원에서 그치는 것이 아니었다. 우리의 도덕적 이성이 가치 판단 능력을 제대로 구사하도록 일상의 삶에서 끊임없이 노력했다.

동심同心의 희망, 일상과 함께하는 『논어』

『주역』에 "두 사람이 마음을 합하면, 그 날카로움이 쇠도 자를 수 있다[이인동심, 기리단금二人同心, 其利斷金]."라는 말이 있다. 자기를 위한 참 공부[위기지학爲己之學]의 길을 제시한 『논어』를 이해하는 여정에 가로등이 되겠다고 마음을 모으며 되뇌던 말이다. 처음 책을 저술할 때가 떠오른다. 많이도 만났고 많은 의견을 주고받았다. 저자들과 많은 분들이 하나의 마음으로 협력하니, 하나보다는 둘이 낫고 둘보다는 셋이 나음을 확인하는 유쾌한 시간이었다.

『성균 논어』는 초학자들이 동아시아 사유 문화의 근간이 되는 지혜의 보고 『논어』를 이해하는 길잡이를 제공하고, 사람다움의 참 의미를 체득하여 자신의 삶을 가치 있게 가꾸는 데 도움을 주고자

기획되었다. 맥락적 연속의 개연성을 찾기 힘든 단편적인 『논어』의 언급들을 인의예지仁義禮智 개념으로 재구성하고, 각각의 주제를 다시 수기치인修己治人 이론틀로 분석하여 핵심이론과 현실적용의 특성을 설명하고자 하였다. 나아가 내면의 선한 천성을 이끌어 내 조화로운 인성 함양에 도움 되도록 '인성가언人性嘉言' 100구절을 선정하여, 마음에 새기는 고전을 통해 저절로 얻게 되는 즐거움을 느끼게 하고자 하였다. 특히 언제 어디서나 편리하게 고전을 학습할 수 있도록 QR코드로 제작하여 이해를 돕는 설명을 덧붙였다.

『논어』를 읽고 난 뒤 사람들의 반응은 제각각이다. 그저 교훈적인 내용을 적은 윤리 책이라 여기고 아무런 감흥도 못 느끼는 사람도 있다. 읽은 뒤에 한두 구절이 마음에 와닿아 그 구절을 책상 앞에 써놓는 사람도 있다. 읽기를 오래 해 그 깊어지는 의미에 푹 빠져드는 사람도 있다. 그런가 하면 어느 순간 자기도 모르게 무릎을 치며 덩실덩실 춤추는 사람도 있다.

『논어』가 책상 한켠에 꽂혀 있기를 희망한다. 그리고 생활공간 곳곳에 좋은 글귀가 붙여지기를 소망한다. 그 희망은 세상을 바라보는 또 다른 창에 대한 관심과 공감을 기대하는 마음이다. 그 소망은 지금 바로 여기에서 자기 모습에 의미를 느끼고 세상의 모든 존재와 조화를 이루며 사는 것이 참 행복임을 공유하자는 바람이다.

2023년 2월 4일
저자 일동

仁

義禮廉智

제1부

인仁

사람을 만나다

1장

사람다워야 사람이다

자기가 하고 싶지 않은 것을 남에게 요구하지 말라
己所不欲, 勿施於人 -『논어』「안연」

1. 사람에 대한 관심

1) 사람다움이 그립다

길을 가다 구두 밑창이 떨어져 수선집을 찾았다. 구두를 수선하던 인상 좋은 아저씨는 흔한 일이라는 듯 혼잣말을 했다. "요새 구두는 대부분 물에 취약해요. 조각조각 붙여 만들기 때문에 겉은 근사해 보여도 스며드는 물을 막진 못하죠."

그 말을 듣고 다시 살펴보았다. 그동안은 구두는 닳은 굽을 바꾸는 정도의 단순한 구조라고 생각했는데 그게 아니었다. 장식이나 테두리는 물론이고, 충격을 완화하기 위한 밑받침 역시 부분들을 조합한 것이었다. 갖가지 장식을 겹겹이 붙여 만든 여성용 하이힐도 예외가 아니다. 구두 한 켤레도 수많은 부분을 모아 백여 가지가 넘는 공정을 거쳐 만든다. 이처럼 부분별로 나누어 전체를 완성하는 작업은 시간도 줄이고 효율적이다. 그러나 부분이 모이다 보니 각 부분이 만나는 곳은 취약하다. 이 때문에 디자인은 뛰어날지는 몰라도 제품의 수명은 짧다. 구두 하나에도 현대사회의 일면이 담겨 있음을 새삼 느꼈다.

부분과 부분을 결합하여 탄생한 제품은 부분들의 묶음이다. 그 부분들은 엇갈리고 틀어지는 균열현상이 자주 발생하기 때문에 항상 단절의 위험 앞에 노출되어 있다. 그러나 그에 대한 대비책은 미흡하다.

영화 '모던 타임즈Modern Times'가 그것을 여실히 보여준다. 찰

리 채플린은 컨베이어 벨트 앞에서 나사를 조이는 기계공이다. 그는 쉼 없이 돌아가는 벨트 앞에서 나사를 조이지만 정작 자신이 만드는 제품이 무엇인지 모른다. 오로지 맡은 부분만 작업 할 뿐이다. 자본주의의 아버지라 불리는 애덤 스미스Adam Smith는 『국부론』에서 효율성을 높이고 이윤을 극대화하기 위한 방법으로 분업을 제시했다. 한 개의 핀은 18개의 공정을 거쳐서 완성한다. 한 사람이 만들 경우 하루에 20개밖에 못 만들지만, 각 공정을 18명이 맡으면 하루에 5만 개 이상의 핀을 생산한다. 이처럼 분업은 효율성과 생산성이 높다. 하지만 개인은 주어진 부분 작업만을 할 뿐 전체를 이해하기 어렵기 때문에 언제든지 대체 가능하다. 자신이 하는 일에 혼신의 힘을 쏟는 장인정신을 기대하기 어려운 이유이다.

지금 우리 사회는 관계와 소통, 공감과 조화 대신 경쟁으로 인한 고충이 갈수록 심해지고 있다. 그로 인해 이전과 비교할 수 없는 물질적 풍요와 수준 높은 문화생활을 누리고 있지만 행복을 느끼는 만족도는 갈수록 줄고 있다. 치열한 경쟁 속에서 불안할 수밖에 없는 현실의 반영이다. 그 때문에 자칫 뒤처지면 현상유지도 불가능하다는 걱정을 떨칠 수 없다. 한시도 긴장을 늦출 수 없는 경쟁과 불안의 연속이다.

물질문명의 발달은 편리한 생활과 함께 수많은 문제를 초래했다. 그중에서도 부분으로서의 개인은 전체로부터 단절된 채 불안한 삶을 살아가고 있다. 개인의 불안과 타자에 대한 무관심이 현재 우리의 모습이다. 우리는 정말 이렇게 살아도 되는 것일까?

자신에 대한 성찰과 타자에 대한 배려의 마음은 자기실현에 대한 욕구가 커지는 4차 산업혁명 시대에도 여전히 필요한 요소로, 오래된 미래의 가치라 할 수 있다. 최근 바람직한 인성에 대한 사회적 관심과 인성함양을 위한 노력이 새삼 주목받는 것도 이와 무관하지 않다. 2천5백 년 전에도 여느 시대와 마찬가지로 사람살이에 문제가 많았다. 그즈음 사람다움과 사람다운 관계 회복을 인생의 목표로 내건 이가 있었다. 바로 공자孔子다. 그를 통해 이 시대의 문제를 되짚어 보고 그 해결 방안에 대해 조언을 구해보는 것은 어떨까?

2) 사람이 다쳤느냐?

> 공자의 마구간에 불이 났다. 조정에서 퇴근한 공자는 먼저 "사람이 다쳤느냐?"라고 물었지, 말에 대해서 묻지 않았다.
>
> 廐焚. 子退朝, 曰 "傷人乎?" 不問馬.(『논어』 「향당」)

이 이야기는 공자의 삶과 사상을 기록한 『논어』에 기록된 일화다. 이와 같은 공자의 반응을 별것 아니라고 여길 수도 있지만, 당시 말은 중요한 교통수단이었을 뿐만 아니라 신분과 지위를 상징하는 귀중한 재산이었다. 그렇지만 공자는 말이 아닌 사람들의 피해 여부에 주목했다. 오늘날은 재난을 당했을 때 무엇보다 인명구조를 우선시한다. 그러나 당시의 시대상황은 사람의 생명에 그다지 주목하지 않았다. 왕이나 지배계급이 죽으면 그와 가까운 사람들을 순장시키던 때가 그리 오래지 않았다. 공자는 이러한 풍습을 부정적으로 생각했기 때문에 인형을 만들어 죽은 이와 함께 땅에 묻는 사람조차도 그 후손이 끊길 것이라고 비판했다. 차마 사람의 생명을 경시할 수 없다고 본 것이다.

공자가 이루고자 한 세상은 사람이 사람다운 세상이었다. 흔히 "사람다워야 사람이다."라고 말한다. 사람답지 못한 사람은 사람의 형상과 모습을 하고 있어도 사람이 아니라는 말이다. 우리가 사는 세상에는 남을 속이고 자신의 잇속만을 챙기거나 자신의 욕망을 위한 속내를 교묘하게 감춘 채 겉으로만 선한 척하는 사람들이 의외로 많다. 공자가 살던 시대 또한 그랬다. 근엄하여 겉보기에는 도덕군자처럼 보이는 사람[향원鄕原], 빈말 잘하고 가식적인 표정 관리에 능숙한[교언영색巧言令色] 사람, 뛰어난 말솜씨로 세상을 현혹하고 윗사람에게 아첨하는 사람[영인佞人]들이 많았다. 공자는 이들을 미워하고 멀리했다.

그렇다면 공자가 추구한 사람다운 사람은 어떤 모습들일까? 공자는 '인仁'을 통해 사람다운 사람의 모습과 사람의 길을 제시한다. 『논어』에서 인은 58개의 장에서 100번이 넘게 언급되고 있다. 이처럼 공자는 '인'을 자기 삶의 핵심 가치로 삼았고, '인'을 통해 사람다운 세상을 만들고자 했다.

2. 인仁은 사랑이다

1) 선한 마음의 씨앗

사전에서 풀이하는 인仁의 대표적인 뜻은 '어질다'이다. 그밖에 애정, 동정, 친애, 사람마음, 불쌍히 여김 등의 뜻이 있다. 너그럽고 착하며, 슬기롭고 덕행이 높은 마음을 사람다움이라고 하고, 이러한 마음을 가진 사람을 인자라고 지칭한다.

중국 후한 시대의 허신은 『설문해자』에서 인仁을 '사람[인人]과 둘[이二]'의 조합으로 풀이하였다. '둘'은 중복을 나타내는 요소로서 '사람과 사람 사이의 관계'를 의미한다. 그러므로 인은 사람들 사이의 관계 측면에서 나와 너, 두 사람이 하나 됨을 의미한다. 한국인들이 습관처럼 사용하는 '우리'라는 표현이 인의 의미라 하겠다. 우리가 되면 편안하다. 네가 나이고 내가 너이다. 모두가 나이기에 우리 안에서는 좀 더 큰 내가 있을 뿐이다. 누군가를 만나면 성을, 학교를, 관심사를, 취미를 물으며 우리가 될 수 있는 공통의 요소를 찾는 것도 이 때문이다. 특히 한국인들은 유난히 '우리'를 좋아하고 우리가 되려고 애쓴다. 우리가 되면 경쟁에 대한 두려움이 사라지고 함께 한다는 편안함을 느낀다. 또한 우리가 될 때 더 큰 힘을 발휘한다고 믿는다. 이 때문에 인은 하나 됨이며 우리라 할 수 있다. 즉 인은 성숙한 자아를 통해 타인을 배려하는 도덕적 인격이나 상호 존중하는 사회적 인격이며 '사랑'이다.

그런데 『논어』에 기록된 인은 한마디로 단정 지어 말하기 어렵다. 공자의 제자인 유자有子는 집안에서 부모님께 효도하고 밖에서는 어른들께 공손히 하는 것이 인을 실천하는 근본이라고 한다. 또 증자曾子는 벗을 통해 인의 실천에 도움을 받는다고 말한다. 그런가 하면 공자는 품성이 강하고 굳세며 질박하고 말이 어눌한 것이 인에 가까우며, 배우고 뜻을 독실하게 하며, 간절하게 묻고 가까운 것을 생각하는 공부 자세를 인이라고 했다.

그뿐 아니다. 공자는 인을 묻는 제자들의 질문에도 상황에 따라 다른 답변을 주었다.

사람을 사랑하는 것이다.
愛人.(『논어』「안연」)

자기가 하고 싶지 않은 것을 남에게 요구하지 말라.
己所不欲, 勿施於人.(『논어』「안연」)

사람이면서 인하지 않으면 어떻게 예를 하겠는가? 사람이면서 인하지 않으면 어떻게 음악을 하겠는가?
人而不仁, 如禮何? 人而不仁, 如樂何?(『논어』「팔일」)

자기의 사욕을 이겨 예로 돌아감이 인을 행함이다. 하루라도 자기의 사욕을 이겨 예로 돌아가면 천하가 인으로 돌아갈 것이다. 인을 행함은 자기로 말미암는 것이지, 남으로 말미암는 것이겠는가?
克己復禮爲仁. 一日克己復禮, 天下歸仁焉. 爲仁由己, 而由人乎哉?(『논

오직 인자라야 사람을 좋아할 수 있고, 사람을 미워할 수 있다.

唯仁者, 能好人, 能惡人.(『논어』「이인」)

이처럼 인에 관한 공자의 언급은 다양하고 세부적이다. 그것은 공자가 현장을 모르는 책상물림의 학자가 아니었기 때문이다. 그는 관료로서 성공도 했지만 실패도 맛보았다. 오랜 세월 중원의 전역을 다니면서 많은 군주와 다양한 인물들을 만났으며, 그 과정에서 수차례 환난과 고초도 겪었다. 그런 중에도 많은 제자들이 그를 따랐다. 이처럼 공자는 그 누구보다 우여곡절이 많은 삶을 겪었다. 그런 만큼 그가 삶에 대처하는 방식, 인에 대한 설명도 한마디로 단정하지 않았다. 따라서 인을 말하는 공자의 삶으로 직접 들어가 봐야 한다. 그럴 때 그가 지향한 사람다운 세상으로 한 걸음 더 다가갈 수 있다.

인의 세상을 이루고자 열망했지만, 세상은 여전히 어지러웠고 혼란은 더욱 깊어졌다. 하지만 조화와 질서의 세상, 그 희망의 싹을 틔우려는 공자의 노력은 계속되었다. 사람의 마음에 대한 통찰 역시 깊어졌다. 얼마 후에 맹자가 바통을 이었다. 맹자는 사람에게 내재한 남에게 차마 할 수 없는, 남을 해칠 수 없는 마음인 불인지심不忍之心에 주목했다. 공자의 '애인愛人'에 대한 깊은 통찰의 결과이다.

만일 엉금엉금 기어가는 아기가 우물에 막 빠지려 한다면 깜짝 놀라 달려가지 않을 사람이 있을까? 그 마음은 사람이라면 누구나 지닌 자연스러운 마음이다. 아기를 구해서 그 부모와 교분을 트거나 보상을 받겠다는 계산 때문이 아니다. 인간의 본성에 그런 선천적인 도덕성이 갖추어져 있기에 자기도 모르게 그렇게 행동하는 것이다. 맹자의 논리는 선한 본성을 타고난 사람은 착한 사람이 되고, 악한 본성을 타고난 사람은 악한 사람이 된다는 유전적 결정론이 아니다. 또 환경에 의해 착할 수도 있고 악할 수도 있다는 환경 결정론도 아니다. 물이 위에서 아래로 흐르는 것이 물의 본성인 것처럼 사람 또한 본래 선을 좋아하고 악을 싫어한다. 저절로 그러한 도덕적 본성인 것이다. 이것이 인이다.

맹자는 확신한다. 우물가에 기어가는 아이를 본 순간 구해주려고 저절로 달려가듯이, 우리에게는 도덕적 마음이 내재해 있다는 것을. 인간에게 내재한 그러한 도덕적 마음이 '사단四端'이다. 마음에 대한 위대한 발견이다. 가엾고 애처로워 불쌍히 여기는 마음, 측은지심惻隱之心이다. 자신의 잘못을 부끄러워하고 남의 잘못을 미워하는 마음, 수오지심羞惡之心이다. 형님 먼저 아우 먼저 양보하는 마음, 사양지심辭讓之心이다. 무엇이 옳고 그른지 판단할 줄 아는 마음, 시비지심是非之心이다. 맹자는 인간 마음의 본래 모습이 도덕심이라는 사실을 깨닫고, 공자가 말한 인을 더욱 구체적으로 보여준 것이다.

맹자는 도덕의 기원을 어떤 외부적 힘이나 규칙·관습에서 찾지 않았다. 도덕은 내 마음에서 저절로 솟아나는 것이며, 사람은 이 도덕적 마음을 확충할 수 있는 존재이다. 현실 세계는 갈등과 대립의 연속이지만 누구나 그 원초적 마음을 돌이킨다면 나와 갈등하고 대립하는 대상이 더 이상 나와 분리된 타자가 아님을 깨닫게 된다. 이 때문에 우리는 다른 사람의 고통을 그냥 지나치지 못한다. 그러할 경우 마음이 불편하다. 그래서 그를 도우려는 마음이 생긴다.

2) 세상을 향한 열린 마음

창문은 내부와 외부를 차단하기도 하지만, 동시에 내외를 잇는 소통의 문이다. 창 없는 방값이 상대적으로 싼 이유는 밖과 차단된 답답함 때문이다. 반면에 병원에는 창문이 많다. 몸이 불편한 환자들의 마음을 열어주려는 배려의 마음이 담겨 있다.

우리 마음에도 문이 있다. 그 문은 사람과 사회의 관계나 상황에 따라 열려있기도 하지만 때로는 마음에 상처를 입고 굳게 닫혀 있기도 하다. 대체로 싫은 사람 앞에서는 마음의 문뿐 아니라 말문도 닫는다. 그 말문을 여는 열쇠는 마음의 문[심문心門]에 달려 있다. 마음의 문은 내면을 드러내는 소통의 문이자 자신의 존재의미를 확인하는 발산의 통로이다. 마음의 문이 대문처럼 활짝 열리는 순간, 수천 개의 눈을 가진 관음보살처럼 세상 곳곳이 훤히 뚫린다. 제대로 지킬 수 있다면 그 대문은 나를 보호하는 문이자 모두를 맞이하고 만나는 문이다. 상황에 따라 닫혀 있을지 모를 마음의 문을 열어갈 때 나는 좀 더 큰 세상과 소통하는 중심에 서게 된다.

생명의 문은 씨앗에서 비롯된다. 한의학에서는 복숭아씨를 도인桃仁이라고 하고, 살구씨를 행인杏仁이라고 한다. 여기서 인은 씨앗이다. 씨앗은 적절한 토양에 뿌리를 내리고 꽃을 피우며 무성한 열매를 맺는 종자다. 인으로 표현되는 생명의 씨앗은 매우 작지만 수

천, 수만의 생명을 틔우는 놀라운 힘을 지닌다.

그렇다면 인간에게서는 그러한 원초적 생명의식을 어디서 찾을 수 있을까? 타자를 배려하고 공존의 지평을 넓혀나갈 사람다운 마음의 씨앗인 '마음씨'는 인仁의 정신에 있다. 성리학이라는 새로운 사상의 기틀을 마련하는 데 공헌한 중국 송나라 학자 정호의 설명이다.

어진 마음을 품고 있는 사람은 천지만물을 자신과 한 몸처럼 여긴다. 만물을 자신의 일부로 생각하니 그의 사랑이 어느 한 사물엔들 미치지 않겠는가. 만약 사물을 자신과 다른 것으로 여긴다면 그것은 나와 상관없는 것이 되어 버리고 말 것이다. 이는 마치 수족의 마비로 인해 혈기가 통하지 않아 수족이 내 몸이 아닌 것처럼 느껴지는 것과 같다.(『이정집』)

진정으로 어진 마음을 지닌 사람이라면 천지 만물을 자기와 분리되지 않은 한 몸으로 생각한다. 마치 우리 몸의 일부가 다쳤을 때 아픔을 느끼듯이, 주변에 있는 어느 것 하나도 무심하게 지나치지 않는다. 그러한 마음의 소유자에게는 무엇 하나 소중하지 않은 것이 없다.

한의학에서는 신체의 일부가 마비되어 통증을 느끼지 못하는 것을 불인不仁이라고 한다. 불인을 고칠 수 있는데도 고치지 않고 평생 고통스럽게 살아갈 사람은 없다. 불인의 몸을 애써 고집한다면 그는 정상적이기를 포기한 셈이다.

굳고 마비되어 죽어있는 것이 불인이라면, 인仁은 살아있는 생명력을 뜻한다. 전통시대의 지식인들은 살아 꿈틀거리는 생명체의 원초적 힘을 자연이 주는 위대함으로 생각하였다. 전통적인 의미의 천지나 우주는 오늘날 자연의 의미와 통한다. 자연이라는 글자는 자自와 연然으로 구성돼 있다. '저절로' 혹은 '스스로'를 의미하는 '자自'는 사람의 코를 본뜬 것인데, 자기 자신[기己]이나 자연의 의미로 확장되었다. '연然'은 '이와 같다'거나 '그러하다'를 의미한다. 코는 사람의 얼굴에서 입과 더불어 생명의 기운을 감지하는 가장 핵심적인 신체기관이다. 죽음에 임박해서 임종의 여부를 알아보는 것도 코를 통해서이다. 이처럼 '자연'은 코에 주어진 생명력의 이미지가 확대되어 타자의 힘을 빌리지 않는, 스스로 혹은 저절로 그러한 상태를 의미하게 되었다.

『주역』에서는 자연을 뜻하는 천지의 본질적 힘을 생명력으로 규정한다.

> 천지의 큰 덕을 '생명'이라 말한다.
> 天地之大德曰生.(『주역』)

현재 과학의 발달로 생명의 신비에 대한 베일이 벗겨지고 있지만 생명은 여전히 신비롭다. 서구과학은 대상에 대한 분석적 인식을 중시한다. 이와 달리 동양에서는 자연을 대상화하여 인식하기보다 마음을 비우고 관조하기를 좋아했다. 그림을 보면 알 수 있다. 수묵화 속 인물은 자연의 일부일 뿐이다. 즉 자연은 인간의 탐구대상이 아니라 삶의 근원이자 목적이었다. 잔잔한 호숫가에 작은 돌 멩이를 던지면 동심원을 그리며 퍼져나가듯, 나비의 무심한 날갯짓이 대기에 영향을 주어 엄청난 결과를 낳듯, 자연은 우리의 삶과 긴밀히 연결되어 있다. 이 때문에 천지를 통해 우리의 본래 모습을 직시하고자 했던 구호는 다음과 같다. "천지의 생동하는 마음을 보라!"

어떤 문제에 부딪혔을 때 상대의 마음과 입장에서 생각하는 역지사지易地思之는 갈등 해소에 많은 도움을 준다. 상대방의 마음을 내 마음으로 삼아 상대방을 이해하기 때문이다. 하지만 알면서도 선뜻 다가설 수 없는 거리감을 넘어서기란 쉽지 않다. 설령 상대방이 옳을지라도 경우에 따라 편견과 고집에 사로잡힐 때가 있기 마련이다. 따라서 상대방의 입장이 되어 보는 것은 그 사람의 마음을 이해하고 공감하는 것이다. 다행히 사람에게는 타인의 몸과 마음을 자발적으로 끌어들이는, 단절을 넘어서는 신비한 힘이 있다. 나와 관계하는 모든 것을 하나로 생각하는 이 마음은 모두를 한 몸으로 생각하는 사해동포 정신으로 이어진다. 그 뿌리는 타자의 생명을 아끼고 사랑하는 인의 마음에서 찾을 수 있다.

인은 생명의 씨앗임과 동시에 세상을 포괄하고 모든 존재를 관통하는 중핵이며 나아가 인류를 하나로 묶는 힘이다. 이 때문에 유학에서는 자연계의 운행에 내재한 생명의 본성을 인이라고 파악한다. 인은 자연의 일부분인 인간에게도 그대로 담겨서 인간의 본성을 이루기 때문이다. 인간을 비롯한 모든 생명은 끊임없이 낳기를 거듭하는 천지의 마음을 얻어 저마다의 마음으로 삼는다. 모든 존재를 관통하는 그 중심에 인이 있다.

동양의 전통에서 인류는 나의 형제요, 만물은 나와 더불어 살아가는 이웃이다. 자하와 사마우의 대화에도 사해동포에 관한 사유가 나타난다.

> 사마우: 남들은 모두 형제가 있는데 나만 홀로 형제가 없구나.
>
> 자하: 내가 선생님께 들었는데, '죽고 사는 것은 명命에 있고, 부유하고 귀함은 하늘에 달려 있다'고 한다. 군자는 경건함을 잃지 않고 사람을 공경하여 예의를 지키니, 이렇다면 세상의 모든 사람이 형제다. 군자가 어찌 형제 없음을 근심하는가?(『논어』 「안연」)

사마우는 형제가 다섯 명이나 있었다. 하지만 송나라 대부였던 형 환퇴가 난을 일으켜 다른 나라로 도망을 갔고, 다른 형제들도 뿔뿔이 흩어져 있었다. 형제가 있음에도 없다고 말하는 사마우의 근심은 여기에 있다. 자칫 자신에게도 피해가 미칠까 하는 걱정이 담겨 있다. 자하는 공자의 말을 인용하여 혈육의 친형제만이 형제가 아니라 경敬으로 자신을 닦고, 공경하고 예禮를 행한다면 천하의 모든 사람이 형제라고 하였다. 즉 인仁한 사람인 군자는 온 천하 사람과 형제인 것이다.

오늘날 우리 사회는 가족이 있어도 혼자서 모든 것을 해결해야하는 사람들이 많다. 고민 역시 가족이나 가까운 사람에게 털어놓기보다는 SNS에서 해결하려는 사람들도 많다. 이는 낯모르는 사람일지라도 공감해주는 사람을 더 가깝게 느낀다는 것을 의미한다. 이 때문에 공동체와 소통하기 위해 끊임없이 자신을 열 수 있는 수양의 자세가 필요하다. 인은 바로 그 소통의 문을 여는 마음의 열쇠다.

아울러 사람과 사람이 하나이듯 만물과 사람도 하나이다. 여기 대나무가 있다. 분명 두 그루인데 뿌리를 보니 연결되어 있다. 한 그루인가, 두 그루인가? 뿌리가 연결되어 있기에 한 나무가 병들면 다른 나무도 병든다. 만물이 그렇듯 사람도 역시 그렇다. 만물과 사람, 사람과 사람은 모두 하나이다. 하나의 뿌리이기에 나는 세상과 소통할 수 있다. 그 뿌리가 인이다.

3. 사람답게 사는 세상을 찾아

1) 건너뛰거나 포기하지 않는다

세상살이에서 부딪치는 벽은 한둘이 아니다. 도덕적이기보다는 이기적이고, 정직하기보다는 파렴치한 사람들이 출세하는 경우가 많다. 허탈감이 든다. 이는 타인을 배려하며 성실한 삶을 살아가려는 사람들에게 찬물을 끼얹는다. 그런데 이런 현실은 사람다운 삶과 세상을 구현하기 위해 천하를 주유하던 공자가 직면한 세상이기도 했다.

공자: 나를 아는 사람이 없구나!

자공: 어찌 선생님을 아는 사람이 없다고 하십니까?

공자: 하늘을 원망하지 않으며, 남들을 탓하지 않고, 아래에서 배워서 위로 통달하니[하학이상달下學而上達], 나를 아는 이는 하늘일 것이다.(『논어』 「헌문」)

공자의 삶은 평탄하지 않았다. 그렇지만 공자는 세상을 원망하거나 탓하지 않았다. 그저 묵묵히 자기 길을 걸어갔다. 부귀나 권력을 따르려는 삶이 아니었기에 가능했다. 하지만 세상 어디에서도 도를 실천할 수 있는 환경을 만날 수 없다는 현실이 주는 허탈감과 고달픔으로 때로는 절망하기도 했다. 주유 중에 역모의 괴수로 오인 받아 죽음과 맞닿기도 했고, 식량이 떨어져 굶주림을 맛보기도 했다. 그렇지만 공자는 하늘을 원망하지도, 세상을 탓하지도 않았다. 하늘이 자신에게 준 길을 걸어가리라 다짐하고 다짐했다. 자신의 심정을 알아주는 하늘이 있다고 굳건히 믿었기에 어떤 두려움도 없었다. 공자는 그 원천적 힘을 인에서 찾았다.

누구에게나 인한 마음이 있다. 인은 본래 주어진 고유한 것이다. 그 때문에 힘든 삶의 여정에서 자칫 잃기 쉬운 본래의 모습을 지키고자 한다. 하지만 자주 흔들린다. 그러나 굳은 신념은 삶의 이정표가 되어 다잡아준다. 내가 인하고자 하는 마음이 있다면, 어느덧 인의 길이 눈앞에 펼쳐진다. 공자의 인생 역정이 이를 증명한다. 공자는 자신의 인생을 6단계로 설명한다. 학문에 뜻을 둔 시기[15세, 지우학志于學], 자립한 시기[30세, 이립而立], 의혹에 빠지지 않은 시기

[40세, 불혹不惑], 천명을 알았던 시기[50세, 지천명知天命], 순리대로 이해되던 시기[60세, 이순耳順], 그리고 마음이 하고자 하는 바를 좇아도 법도에 어긋나지 않는 시기[70세, 종심소욕불유구從心所欲不踰矩] 가 그것이다.

공자는 열다섯 살에 학문에 뜻을 두었다고 말한다. 뜻을 두었다는 것은 삶의 푯대를 세우고 그것을 향해 굳게 나아감을 의미한다. 이는 운전학원을 다니거나 어학을 익히는 등 삶의 과정에서 세우는 단기적인 계획이 아니다. 인생의 원대한 목표를 세웠다는 뜻이다. 높이 나는 새가 멀리 보기 마련이다. 공자가 배움에 뜻을 두었다는 것은 삶의 진리[도道]를 오롯이 실천하겠다는 목표를 세웠음을 말한다. 도덕적인 삶의 길을 따라 진리를 깨우치는 과정이 학學이다. 사람다움을 추구하고 인한 사람이 되는 것이 공자가 설정한 배움의 목적이다. 『대학』에 따르면 그것은 자신에게 내재한 명덕을 밝혀서 [명명덕明明德], 백성과 하나 되어[친민親民], 세상을 평화롭게 하는 것 [지어지선止於至善]이다. 즉 자신을 성찰하고 타자를 배려함으로써 공동체에 이바지하여 세상을 평화롭게 하는 것, 이것이 배움에 뜻을 둔 자가 가야 할 궁극적인 길이다.

또한 공자는 서른 살에 자립했다고 말한다. 지금까지 올곧게 추구한 배움을 통해 스스로 참된 사람됨의 길을 올곧게 걷고 있음을 뜻한다. 이는 세운 뜻이 견고해져 자신의 길을 탄탄히 닦을 때 가능하다. 일단 가속도가 붙으면 몸에 익숙해져 굳이 의지를 불태우지 않더라도 그만둘 수 없다. 예컨대 예의 바른 행동은 흐트러지기 쉬운 마음을 다독거리고 제어한다. 자신의 사사로운 욕망을 억제하고 다른 이들과 공존을 꾀하도록 만들어준다. 따라서 몸에 밴 예의는 마음을 바로잡는 방법이자 사회생활의 기본이 되는 강력한 힘이다. 자립을 위한 과정은 인생 목표의 완성을 위해 매진하는 단계이다. 서서히 전문가적인 자질이 보이고 자기 분야에서 조금씩 두각을 나타내기도 한다. 자신감이 넘치는 시기이다.

흔히 마흔을 불혹의 나이라고 말한다. 마흔 살이란 인생의 무게가 느껴질 만큼 적지 않은 나이다. 걸어 온 자신의 삶을 의심하지 않고 앎이 더욱 투철해진다. 또한 세상을 보는 안목과 정확한 판단이 요구되기도 하지만 정작 흔들리기 쉬운 시기이기도 하다. 앞만 보고 달려온 삶에 대한 회의감과 남은 인생에 대한 두려움으로 인해 쉽게 유혹에 빠지기도 한다. 이 때문에 보통사람의 마흔은 아는 것이 밝아지고 보는 것이 투철해져서 막힘이 없게 된 공자와 거리가 있다. 그렇다 하더라도 40줄이면 지나온 길과 가야 할 삶의 방향이 어느 정도 보인다. 공자의 마흔은 지위나 재물 등 세속적 욕구와 갈망에 흔들리지 않았다. 맹자의 부동심不動心과 같다. 흔들리면서 커가는 꽃. 의혹에 흔들리지 않는 마흔의 모습이다.

공자는 쉰 살에 천명을 알았다고 고백한다. 자신이 걸어온 길을 겸허히 수용하고 자신의 삶을 긍정적으로 바라보았기 때문이다. 흔들림과 갈등도 있었지만 이 길이 나의 길임을 인정하는 순간 세상은 아름다워진다. 오르지 못한 것에 대한 갈망이나, 하지 못했던 일에 대한 후회도 줄어든다. 공자는 이 시기를 존재 이유를 아는 단계로 보았다. 현재의 삶이 하늘이 부여한 길이라는 자각은 자신을 원망하거나 남을 질투하는 일을 줄어들게 한다. 자신의 여건과 자질에 따라 최선을 다해 살아온 삶이기에 주어진 현실을 묵묵히 받아들이는 데에 거리낌이 없다.

환갑을 맞는 예순의 나이. 공자는 남의 말을 들으면 거슬리지 않고 순조롭게 받아들였음을 고백한다. 남들이 하는 말과 행위의 취지를 알아챌 수 있기에 무리수를 두지 않는다. 그냥 나이만 먹은 게 아니다. 어느 누구의 삶도 듣는 순간 저절로 고개가 끄덕여진다. 굳이 애써 생각할 필요도 없다. 그만큼 남들을 있는 그대로 받아들일 수 있다.

그러나 아직은 공자가 도달한 최고의 경지가 아니다. 공자는 일흔 살에 마음이 하고자 하는 바를 좇아도 법도를 넘어서지 않았다고 회고한다. 삶이 무엇인지 완전히 이해한 경지이다. 어떤 일을 하겠다고 마음을 먹으면 바로 적절하고 바람직한 행동으로 이어진다. 자유는 방종으로 흐르기 쉽고 구속은 타율적 복종을 낳는다. 그러나 공자가 도달한 최고 인격의 모습은 자유로운 구속이다. 원하는 대로 행동하더라도 결코 사회적으로 문제 되지 않는다. 자유와 구속이 일치한다. 법도에 어긋나지 않는 행위가 저절로 배어 나와 편안하다. 사심이 없다. 완성된 인격이 걷는 그 길은 인간의 역사를 새롭게 써가는 책임과 헌신의 길이다.

공자가 보여준 인생 역정은 일반적인 삶의 시계를 말하지 않는다. 때로 삶의 전 단계에서 겪는 갖가지 과정들을 20대에도 압축적으로 겪을 수 있다. 남들보다 빨리 자신의 길을 찾아 자유롭되 구속당하지 않는 자신만의 길을 갈 수도 있다. 하지만 공자의 삶에서 볼 수 있듯이 인생의 단계를 차근차근 고차원으로 끌어 올리는 노력이 중요하다. 건너뛰고 비상하는 삶도 좋지만 탄탄한 기반 위에 하나씩 쌓아나가는 노력이 값지다. 흐르는 물은 구덩이를 채운 다음에야 나아간다고 하지 않던가.

공자는 누구나 마음먹으면 할 수 있지만 중도에 그만두기 때문에 진보가 없다고 했다. 자신의 능력과 한계를 지레짐작하면서 '여기까지'라고 선을 긋는 것을 경계했다. 내면에서 우러나오는 도덕적인 마음은 한계가 없다. 맹자는 예의를 비난하는 자를 스스로를 해치는[자포自暴] 사람이라고 했다. 또 인의를 실천할 수 없다고 말하는 자를 스스로를 버리는[자기自棄] 사람이라고 했다. 자포자기를 넘어 절대 자유를 만끽하기 위해서는 공자가 그랬듯이 건너뛰지도 말고 포기하지도 않아야 한다.

2) 평생 걸어야 할 길

우리의 삶은 한 번뿐이기에 그 무엇보다 소중하다. 그래서 누구나 가치 있게 살고자 한다. 하지만 사람마다 가치에 대한 기준이 다르다. 그 때문에 하나의 잣대로 매김 할 수 없다. 많은 사람들이 현실의 장벽에 가로막혀 벗어날 수 없는 일상에서 좌절하기도 하고, 눈앞에 놓인 현실에서 하루하루 급급하게 살아간다. 그저 앞만 보고 달려간다.

열다섯 나이에 삶의 푯대를 세운 공자. 그에게는 분명한 목표의식이 있었다. 바로 공부였으며 그 중심에 인이 있었다. 사람이란 무엇인가? 모든 사람이 사람다운 삶을 살 수 없을까? 공자의 원대한 꿈은 이 물음에서 시작한다. 세상은 어지러웠고 혼탁했다. 하지만 공자가 공부를 통해 만났던 성현들이 다스린 세상은 달랐다. 임금은 백성들의 삶을 보살폈고, 백성들은 임금의 즐거움을 함께 즐거워했다. 임금은 백성들을 자식처럼 여겼고, 백성들은 임금을 부모처럼 여겼다. 그들은 하나였다. 위·아래가 아닌 너와 내가 하나 되어 우리가 된 세상이었다. 이것이 인이다. 경쟁이 아닌 배려와 공감으로 조화를 이룬 세상이며, 속도가 아닌 방향을 추구하는 세상이었다. 공자의 인에는 이러한 간절한 열망이 담겨 있다.

> 뜻 있는 선비와 어진 사람은 살기 위해서 인을 해치지 않고, 목숨을 내던져서라도 인을 이룬다.
>
> 志士仁人, 無求生以害仁, 有殺身以成仁.(『논어』 「위령공」)

오직 뜻있는 선비와 인한 사람이라야 현실적인 이해타산에 마음이 흔들리지 않는다. 이순신 장군이 그랬고, 안중근 의사의 삶이 그러했다. 사람은 물과 불이 없으면 살아갈 수 없다. 그러나 그보다 더 중요한 것이 인이다. 사람은 함께 더불어 살아가야 하는 존재이기 때문이다. "목숨을 내던져서라도 인을 이루겠다."(『논어』) 절절하다. "아침에 진리를 깨달으면 저녁에 죽어도 좋다."(『논어』) 간절하다. 이 두 문장에는 사람다운 삶에 대한 절실한 열망이 담겨 있다. 공자는 죽음까지도 넘어선 사람의 길로서 인을 추구하였다.

2장

사람다움을 실천하다

자기의 사욕을 이겨 예로 돌아감이 인을 행함이다
克己復禮爲仁 ─『논어』「안연」

1. 나와 세상을 바꾸는 실천

1) 인을 실현하는 두 축, 충忠과 서恕

매사에 일관된 모습으로 생활하는 것은 결코 쉬운 일이 아니다. 바람에 흔들리는 꽃처럼 우리네 삶도 끊임없이 흔들리지만 그러면서도 길을 만들고 푯대를 세워 간다. 어느 날 공자는 제자들과 대화를 나누다가 문득 증자를 불렀다. 그리고 한마디 말을 던졌다. "나의 도는 하나의 이치로 꿰어져 있다[일이관지一以貫之]." 공자의 제자들 가운데 증자는 어리지만 묵묵히 공부하는 성실한 학생이었다. 그는 선생님의 취지를 금방 깨닫고 서슴없이 "예"라고 답하였다. 뜬금없는 말씀을 남기고 공자가 자리를 뜨자 그 자리에 있던 제자들은 이구동성으로 물었다. "무슨 뜻이야?" 증자가 주저 없이 말했다.

> 스승님의 도는 충과 서일 뿐입니다.
> 夫子之道, 忠恕而已矣.(『논어』「이인」)

증자는 평소 충과 서의 마음가짐으로 일관했던 공자의 삶을 직시했다. 중심[중中]과 마음[심心]이 합쳐진 충忠은 마음의 뿌리이며 자신의 진심을 다한다는 의미로 진실한 마음을 뜻한다. 서恕는 같다[여如]와 마음[심心]이 합쳐진 글자다. 즉 진실한 속마음은 서로 같다. 따라서 충이 마음으로부터 표현될 때 서가 된다. 충과 서는 인을 추구하는 공자의 마음가짐을 잘 드러내 준다. 조금의 이기심도 개입하지 않고 순수하고 진정성 있는 마음으로 자신을 둘러싼 모든 일에 어긋남이 없다. 따라서 이 충의 마음은 자신에게서 끝나지 않는다. 자신이 처한 주변으로 그 마음을 넓혀서 타인을 이해하고 배려하는 서恕의 마음으로 확장된다[추기급인推己及人]. 이처럼 자기에게 충실하고 타인을 배려하는 충과 서는 인에 이르는 길잡이다. 충은 매사에 어긋남 없이 최선을 다하려는 마음이기에, 전통 사회에서는 임금과 나라에 대한 충성을 뜻하기도 했다.

공자의 여러 제자들은 독특한 개성과 뛰어난 장점을 가지고 있었다. 그중에서 자공은 언변과 외교, 장사 수완[상재商材]에 이르기까지 다방면에서 뛰어난 재능을 지닌 제자였다. 그는 인의 중요성을 알기에 인을 추구하는 방법으로 원대한 포부를 제시하였다. "만일 백성들에게 은혜를 널리 베풀어 많은 사람을 구제할 수 있다면 어떻겠습니까? 인이라 할 만하지 않습니까?"(『논어』) 만백성을 구제하는 것! 그러나 공자는 이 목표는 성인聖人들도 이루기 어렵다고 여겼다. 너무 지나친 목표는 실현 불가능하다. 공자는 자공의 포부를 잠시 억누르고, 실천 가능한 방법을 제시한다.

인자는 자신이 서고 싶으면 남도 세워 주고, 자기가 도달하고자 하면 남도 이르게 해준다. 자기와 가까운 데서 취하여 비유할 수 있으면 인을 실행하는 방법이라고 말할 수 있다.

夫仁者, 己欲立而立人, 己欲達而達人. 能近取譬, 可謂仁之方也已.(『논어』「옹야」)

공자는 인의 실천방법을 먼 곳에서 찾지 말고 자기와 관계된 일상에서 찾으라고 충고한다. 자기의 경험을 바탕으로 다른 사람의 상황을 잘 헤아리고, 경쟁보다는 공감하고 협력하려고 노력한다면 다른 사람의 마음을 얻을 수 있다. 『대학』에서는 이것을 '혈구지도 絜矩之道'라고 정의한다. "내 마음을 잣대로 삼아 타인의 마음을 헤아린다."는 뜻이다. 구矩는 물건의 길이나 넓이를 재는 자를 말하는데, 기준이나 표준을 의미한다. 사람이라면 구체적인 내용은 다르지만 누구나 좋아하거나 싫어하는 것이 있다. 만일 내 마음을 기준 삼아 타인의 마음을 헤아려서 행동한다면 상대는 감동받는다. 예를 들어 윗사람의 행동 중 불편하다고 느꼈던 것이 있다면, 그것은 나뿐 아니라 아랫사람 모두 싫어하는 행동일 가능성이 크다. 그렇다면 내가 윗사람이 되었을 때 과거의 그 마음을 척도 삼아서 절대 그런 행동을 해서는 안 된다. 마찬가지로 내가 윗사람의 입장에서 아랫사람의 행동 중 마음에 들지 않는 부분이 있었다면, 나 역시 윗사람을 만날 때 그러한 행동을 하지 말아야 한다. 이처럼 사람들이 공통으로 가지고 있는 생각과 마음을 잘 포착하면 혈구지도를 실천할 수 있다.

그런데 이러한 배려가 인간의 도리임을 잘 알면서도 현실에서 실천하기는 참으로 쉽지 않다. 이를 실천하려면 내가 솔선수범하거나 남에게 양보해야 한다. 그러할 경우 시간과 노력이 들 뿐만 아니라 불이익과 손해를 보는 것처럼 느껴진다. 이처럼 당장 눈앞의 이익이나 손해를 생각하면 이 도리는 결코 실천할 수 없다. 더 큰 이익과 사람의 마음을 얻으려면 작은 손해를 감수하고 사소한 이해관계를 넘어서야 한다. 자신이 사회적으로 높은 지위에 서고 싶은 것처럼 남들도 그렇다. 자신이 부자가 되고 싶은 것처럼 남들 또한 그렇다. 따라서 자기 혼자 독식하지 말고 남도 함께 이룰 수 있도록 도와주어야 한다. 이처럼 『논어』에서는 충과 서의 구도를 다양한 방식으로 반복적으로 표현한다.

문을 나가서는 마치 큰 손님을 만난 듯이 하고, 백성을 부릴 때는 마치 큰 제사를 받들 듯이 해야 한다. 자기가 바라지 않는 것을 남에게 바라지 말아야 한다. 이렇게 하면 나라 안에서도 원망이 없고, 집안에서도 원망이 없을 것이다.

出門如見大賓, 使民如承大祭. 己所不欲, 勿施於人. 在邦無怨, 在家無怨.(『논어』 「안연」)

공자는 밖에서 사람들을 대할 때는 큰 손님을 만난 듯이 하여 대인관계를 신중하게 하고, 백성들과 일을 할 때는 제사를 모시듯 그들을 존중할 것을 강조한다. 먼저 자신을 가다듬고 자기가 하고 싶지 않은 것을 남에게 요구하지 않는 '서恕'의 정신으로 남을 배려하고 대해야 한다는 것이다. 하지만 남을 배려하는 것은 쉽지 않다. 몸에 배어야 한다. 그 때문에 평생의 좌우명을 구하는 자공에게 공자는 다시 서를 다짐한다.

자공: 한마디 말씀으로 평생토록 행할 만한 것이 있습니까?
공자: 서이리라. 자기가 바라지 않는 것을 남에게 바라지 말라.

子貢問曰 "有一言而可以終身行之者乎?"

子曰 "其恕乎. 己所不欲, 勿施於人."(『논어』「위령공」)

나와 타인은 개별적 존재이면서 같은 인간이다. 좋고 싫은 것이 모두 같을 수는 없지만, 누구나 좋아하고 싫어하는 것은 있다. 내가 싫어하는 것이 있는 것처럼 타인 역시 싫어하는 것이 있다. 그 때문에 내가 하기 싫다고 해서 남에게 미루거나 강제로 시킨다면, 상대는 화가 나거나 분노할 것이다. 물론 내가 싫어하는 것을 상대방이 좋아한다면 문제가 없다. 예를 들어 공동 작업을 하다 보면 유독 시간이 많이 걸리고 하기 힘든 일이 있다. 누구나 그 일을 꺼리는 상황에서 자청하는 사람이 있다면 사람들은 고마워하면서 그를 달리 본다. 이 작은 행동 하나가 타인과의 관계에 지대한 영향을 미친다. 이후 사람들은 그와 함께 일하고 싶어 할 것이고, 그의 주위에는 사람이 모인다. 이것이 바로 '서'가 가진 힘이다.

내가 성공하고 싶으면 남도 성공시켜 주라는 말도 같은 의미이다. 성공은 누구나 원하는 것이기 때문에 남을 짓밟으면서까지 치열하게 경쟁하기도 한다. 그 경쟁 과정에서 서로를 적으로 생각하고 시기와 질투가 난무한다. 결국 성공한 최후의 승자가 나오겠지만, 그는 누구에게도 진정 어린 축하와 존경을 받지 못한다. 경쟁하는 과정에서 사람들을 잃어버렸기 때문이다. 이 때문에 성공했다 할지라도 고립된 삶을 살 수밖에 없다.

이처럼 충실한 마음의 상태인 충과 타인에 대한 배려인 서는 바람직한 삶을 살아가는 두 축임과 동시에 하나이다. 이는 충실한 마음으로 흐트러지기 쉬운 자신을 굳건히 지키고, 그 마음을 주변으로 확대하는 자세이다. 또 자신이 떳떳하기에 위축되지 않으며, 천하를 품에 안을 수 있을 만큼 확 트인 호연지기浩然之氣의 기상과 통하는 정신이다.

2) 친친親親에서 애인愛人으로

『대학』은 수양을 통해 국가와 천하를 경영하는 방법을 담은 책이다. 그 과정은 크게 네 가지 단계로 구성되어 있다. 자신을 수양하는 단계[수신修身] – 가정을 올바르게 다스리는 단계[제가齊家] – 국가를 안정되게 다스리는 단계[치국治國] – 세상을 평화롭게 하는 단계[평천하平天下]이다. 이 단계는 시간적 선후를 말하는 것이 아니라, 병행하며 쉼 없이 진행하되, 수신을 전제로 함께 수행해야 한다. 공자는 군자에 대해 묻는 자로에게 "경으로 자신을 수양하고[수기이경修己以敬], 자신을 수양해서 사람을 편안하게 하며[수기이안인修己以安人], 자신을 수양해서 백성을 편안하게 해야 함[수기이안백성修己而安百姓]"을 제시한다. 자신을 바르게 하고 남을 편안히 하며 세상을 편안한 공간으로 만드는 것 모두 수신이 전제되어야 가능한 것이다. 개인적 수양을 사회적 실천으로 이어갈 때 나와 남, 나와 사회 및 국가의 관계를 확립시켜 나갈 수 있다.

자기 가족이나 혈육을 사랑하는 것을 '친친親親'이라고 한다. 타인을 사랑하는 것은 '애인愛人'이다. 유학은 사람에 대한 사랑을 친친에서 애인으로 확장한다. 그것은 마침내 사회공동체가 서로 사랑하고 아껴주는 대동大同 사회를 지향한다. 인간관계와 사회생활을 영위하는 최선의 방법은 자신을 사랑하고 부모를 사랑하는 마음을 타인에게 그대로 옮기는 것이다. 제가齊家와 치국治國은 그 영역과 범위가 확장되었을 뿐, 그 내부의 관계방식은 동일하다.

사람관계는 큰 도리의 실천을 통해 형성되는 것이 아니라 일상의 사소한 감정이나 행동이 축적될 때 가능하다. 사람들과 만날 때, '지금 내가 이것을 하고 싶은데, 상대도 마찬가지겠지? 이것은 하기 싫은데 상대도 마찬가지겠지?'라고 스스로 묻고 행동한다면, 상대방의 즐거운 모습과 감동 어린 눈빛을 발견할 수 있다. 이처럼 생활 속의 작고 사소한 일에서도 인은 쉽게 실천할 수 있다.

만약 가족과 좋은 관계를 유지하는 사람이라면 인의 실천에 한 발 다가선 것이다. 그는 부모님과 형제의 관계에서 이미 자연스레 인을 실천하고 있기 때문이다. 부모와 형제가 모여 마음껏 먹고 떠들면서 스트레스를 풀면 나도 덩달아 기쁘다. 여기에 무슨 이익이니 손해니 하는 마음은 없다. 함께 하니 그저 기쁠 뿐이다. 굳이 감정과 행동을 조절하면서 인을 실천하려고 노력하지 않아도 된다.

가족 간에 이러한 자세가 몸에 밴 사람은 타인과 만났을 때에도 자연스럽다. 그런데 이러한 마음을 지녔거나 행동을 한 적이 없고 가족과도 불편한 사람이라면 타인에게 인을 실천하는 것은 거의 불가능하다. 아니 왜 그렇게 해야 하는지 의아해할지도 모른다. 이처럼 애인은 친친의 자연스러운 확장이며, 친친이 없는 애인은 실현 불가능하다고 할 수 있다.

집안이든 나라든 만나는 대상과 크기만 다를 뿐, 사람을 만나는 것은 같다. 집안에 부모가 있듯이 사회에는 타인이 있다. 집안에서 부모를 효도로 섬기듯이 사회에서는 타인을 공경하면 된다. 가정에서 이루어지는 친친은 자연스럽게 사회로 확대되어 사람을 만나는 도리가 된다. 친친을 사회로 확대하면 애인이 된다. 친친은 애인을 실천하는 근본적인 마음가짐이다.

2. 여전히 유효한 보편가치 효

1) 한국의 효 문화

영국의 역사학자 토인비는 한국의 효사상과 가족제도는 전인류를 위해 가장 필요한 사상이며 서양에도 효 문화를 전파해야한다고 강조한다. 그런데 한국의 빼어난 문화 중 하나이며 사회를 유지하는 근간이었던 효가 어찌 된 일인지 현대 MZ세대들에게는 고리타분한 전통의 하나로 여겨지고 있다.

전통사회에서 효는 긍정적인 측면이 많았지만, 부정적인 측면도 적지 않았다. 효라는 도덕관념이 가부장적 상하지배를 유지하는 규범으로 기능하기도 했고, 효의 본질은 온데간데없고 이익이나 명예를 위해 포장된 효를 행하는 경우도 많았다.

『조선왕조실록』을 보면, 극단적인 방식으로 효를 실천한 사례들이 기록되어 있다.

경주 사람 허조원이 14세에 부친이 간질로 고생하자, 단지로 수혈하여 병을 치료했다.

영해부 박춘은 13세에 모친이 죽자 시신을 끌어안고 슬피 울고, 3년간 시묘살이를 하고 부친상에도 3년 상을 치렀다.

손가락을 잘라 수혈하여 병을 치료한 사례를 최고 등급의 효로 인정해 달라는 상소가 올라오자, 세종은 단지斷指는 비록 정도에 합하지 않지만, 부모를 위하는 마음이 절실하므로, 취하는 것도 좋다고 했다.[세종실록58권, 1432년(세종14)] 생사의 기로에 선 부모의 병을 낫게 할 수만 있다면 자신의 신체도 아끼지 않겠다는 자식의 마음이 가상하여 상소 의견을 받아들인 것이다. 물론 세종의 의도에는 당시 세속의 풍속이 어지러워 자식이 부모를 죽이는 일도 발생하자, 이런 사례를 모범으로 삼아 백성들을 교화하려는 목적도 있었을 것이다.

조선 중후기에 이르자, 이런 효의 폐단은 선명하게 부각되었다. 다산 정약용은 당시 효행 실천의 문제를 지적하며, 「효자론」을 작성하였다.

어떤 사람이 관청에 와서 아버지가 효자임을 말하면서, "할아버지가 병을 앓으실 적에 똥을 맛보아 병세를 점쳤으며, 목욕재계하고 90일 동안 북두칠성에 정성을 다하여 기도드린 결과 몇 년을 더 연명하였습니다."라고 했다. 또 어떤 사람은 "할아버지와 할머니가 함께 별세하시자 삼년상을 마쳤고, 또 3년이 지난 뒤에야 상복을 벗었습니다."라고 했다. 장관은 감탄하면서 사실을 상부에 보고했고 임금께도 알려져, 그 집안의 호역戶役이 면제되었고, 아들이나 손자의 요역繇役도 감면되었으며, 그들이 사는 마을 입구에 정표까지 세워졌다.

부모를 이용하여 명예를 얻거나, 부역을 피하기 위해 효를 가장했다는 비판이다. 단지 등의 사례가 절실한 마음을 표현한 효행이기는 하지만 사료에 나오지 않는다. 그 이유는 훗날 세상 사람들을 잘못 이끌까 염려되어 기록하지 않은 것이며, 변을 맛본 것도 병에 걸린 환자의 병세를 확인하기 위해 의원이 살핀 것이지, 효와 무관한 행위라는 것이다.

2) 인을 실천하는 출발지, 효

부모자식 사이는 천륜의 관계여서 감정의 온도가 따뜻하다. 설령 부모님이나 형제에 대한 감정의 온도가 식었다고 할지라도 조금만 자극하면 본래대로 금세 회복한다. 차별적 사랑을 쉽게 행할 수 있다는 것은 도덕적 경지나 학습의 유무와 무관하게, 누구나 자연스럽게 드러나는 감정을 행동 동력으로 삼아, 타인을 향한 조건 없는 사랑을 실현하기 때문이다.

'효孝'는 '늙을 노老'와 '자식 자子'가 결합된 회의자로, 자식이 노인을 등에 업고 봉양하는 모습을 담고 있다. 사랑의 방식은 봉양으로 나타난다는 의미이다.

지금의 효라는 것은 물질적으로 잘 봉양하는 것을 이른다. 개와 말도 모두 먹여 길러줄 수 있는데, 공경하지 않으면 무엇으로 구별할 수 있겠는가?

今之孝者, 是謂能養. 至於犬馬, 皆能有養, 不敬, 何以別乎?(『논어』「위정」)

봉양의 행위는 진정성 있는 공경의 마음을 담고 있어야 한다. 공경의 마음이 담겨 있지 않으면 먹이 주며 기르는 동물을 대하는 것과 다를 바 없다. 『논어』는 말한다.

효도와 공경이라고 하는 것은 인을 실천하는 근본일 것이다!

孝弟也者, 其爲仁之本與!(『논어』「학이」)

당연히 봉양의 방식은 상황에 따라 변할 수 있다. 디지털혁명이 생활문화로 스며든 이후, 해외에 있건 지방에 있건, 언제든 SNS로 부모님과 편리하게 소통할 수 있고, 온라인 배송을 통해 손쉽게 마음을 전할 수도 있다.

봉양에는 물질적 봉양을 넘어 부모님의 뜻을 존중하는 '양지養志'의 의미 역시 담고 있다. 『맹자』를 보면, 증자와 증원의 효행에 대한 사례가 나온다. 증자는 그의 아버지 증석을 모시면서 술과 고기를 정성스럽게 차려드렸다. 아버지가 식사를 마치고 밥상을 물리시면서 남은 것이 있는지 물으면 있다고 하고, 누구에게 줄 것인지도 물었다.

증석이 돌아가시고 증자는 아들 증원에게 봉양을 받게 된다. 증원도 증자를 술과 고기를 정성껏 차려 드리며 모셨다. 그런데 증원은 아버지 증자가 밥상을 물리려고 할 때, 남긴 것을 누구에게 줄 것인가를 묻지 않았고, 남은 것이 있느냐 물으면 없다고 대답을 했다. 남은 것을 다시 아버지에게 대접하려 했던 것이다. 증자와 증원의 차이는 뜻을 봉양하는 '양지養志'와 육체만 봉양하는 '양구체養口體'에 있다.

부모님의 뜻을 아느냐고 학생들에게 물으면, 대학 잘 가면, 학점 잘 받으면, 취직 잘하면 부모님이 기뻐할 것이라 대답할 수 있다. 그러면 대학 못 가면, 학점 못 받으면, 취직 못 하면 부모님이 슬퍼할까? 의외로 부모님이 진정 바라는 것이 무엇인지 모르는 학생들이 많다. 처음이야 결과에 아쉬운 마음이 들기도 하겠지만, 부모님은 어쩌면 '건강하게만 살아다오', '행복하게 살아라' 등을 바라는지 모른다. 공자는 말한다.

부모님은 오직 자식이 병들까 걱정하신다.
父母唯其疾之憂.(『논어』「위정」)

자식의 건강을 바라는 부모님의 마음은 저절로 드러나는 '살림'의 마음이다. 건강하게 사는 것은 효의 시작이다. 『효경』에서도 "몸과 머리카락과 피부는 부모님에게서 받은 것이니, 훼손하거나 상하지 않게 하는 것이 효도의 시작이다."라고 말한다. 물론 건강하게 살라는 것은 단순하게 몸의 건강만을 말하는 것은 아닐 것이다. 효도의 마지막을 『효경』에서는 '입신양명'이라고 했다. 후대 사람들은 입신양명이 고위관직에 올라 이름을 드날리는 것으로 착각한다. 원문에는 입신의 전제와 양명의 범위가 명확히 기록되어 있다.

도를 행하여 몸을 세워, 후세까지 이름을 드날려 부모님을 드러나게 하는 것이 효도의 마지막이다.

立身行道, 揚名於後世, 以顯父母, 孝之終也.(『효경』)

오륜행실도 1집 고어도곡皋魚道哭: 고어가 길에서 울다

어진 마음을 회복하고, 그 마음을 간직하며 자기 모습대로 살아가는 것, 그것이 내 몸을 세우는 전제조건인 '행도行道'이다. 그러면 저절로 좋은 소문이 난다. 소문의 범위는 현세에만 그치는 것이 아니다. 선현들을 후학들이 기억하는 것처럼, 후대의 사람들이 자신을 기억하는 것이 '양명揚名'의 범위이다. 나아가 나뿐만 아니라, 나를 세상에 존재하게 해주신 부모님의 공로도 드러나게 하는 것이 효도의 마지막이다.

『맹자』에서는 "자신을 돌아보아 참되지 않으면 부모를 기쁘게 하지 못할 것이다."라고 단언한다. 고정된 형식에 얽매이지 말고 내면에서 드러나는 따뜻한 공경의 감정을 부모님께 전하고, 자기가 처한 자리에서 사욕에 휘둘리지 않고 오직 바른 마음으로 지금 이 순간을 살아, 세상에 선한 영향을 주는 존재가 되는 것이 효의 본질이자 이상이다.

3. 가화만사성家和萬事成

1) 금슬 좋은 부부의 관계 윤리

결혼식에 가면 '검은머리 파뿌리 될 때까지'라는 말을 종종 듣고는 한다. 부부의 연을 맺어 한평생 함께하며 가정화목의 근간인 부부 화합을 이루라는 축원의 말일 것이다. 부부 관계는 당사자 둘은 물론, 자식들과 양가 부모형제, 친인척, 지인 등 주변에 깊은 영향을 줄 수 있으므로 조화롭게 할 필요가 있다.

고전의 지혜는 직접 경험하지 않고도 간접경험을 통해 마주하게 될 일상을 지혜롭게 대처하는 혜안을 줄 수 있다. 부부관계 비결을 숙지하면 만복의 근원인 가정 화합을 이룰 수 있을 뿐만 아니라, 부부 사이가 남녀관계이기도 하므로, 남녀 사이의 관계 유지에도 도움이 될 수 있다.

『맹자』는 부부 간에 지켜야 할 관계 윤리로 '별別'을 강조한다. 전통사회에서 남자 혹은 장자 중심의 사유가 주류 세계인식으로 등장한 이후, 고전이 그러한 사유문화의 정당성을 증명하는 이론근거로 활용되어, 역할의 구별이나 지위의 차별을 뜻하는 의미로 곡해되기도 하였다.

다산은 '별'을 '분별'의 의미로 해석하였다. 본래 한자 '별'은 높고 낮음, 귀함과 천함의 가치가 들어 있지 않은 구분과 차이를 의미한다. 부부 관계에서 가장 쉽게 느낄 수 있는 것은 다름이다. 성별도, 외모도, 성격도 모두 다르니, 부부는 다름에 대한 인정과 존중의 자세가 가장 필요한 관계이다.

결혼은 연애와는 달리 현실적으로 충족되어야 하는 조건이 우선시 된다. 즉 외모, 학벌, 직업, 경제력 등이 그것이다. 그러니 결혼은 현실적 삶 그 자체라 다름에서 오는 차이를 거부하게 된다. 이해하기 어려운 행동에 핀잔을 주기도 하고, 자신의 방식대로 상대를 바꾸려고 한다. 사람은 자기 모습대로 살아야 편안하고, 있는 그대로 존중받아야 관계가 조화롭다. 물론 다름을 존중한다고 각자의 다름을 무한정 허용하는 것은 아니다. 부부는 매일 마주 보며 생활하는 관계이므로, 나의 다름은 반드시 상대의 다름과 만나게 되며, 때로는 충돌한다. 다름에 대한 존중은 다름이 갈등하지 않고 조화를 이루는 방향으로 나아가야 한다.

태극기 가운데는 음과 양이 짝하고 있다. 음이 극대화 되거나, 양이 극대화 되더라도, 음과 양은 서로 없을 수 없다. 이것이 '대대待對'의 관계이다. 대대는 나와 너의 영역이 명확하게 구분되어 서로의 권리를 1/n로 쟁취하는 것이 아니라, 서로 다르지만 어느 하나 없을 수 없고 서로 연결되어 있다는 인식 아래, 상황에 맞게 공존을 도모하는 것이 이상이다.

인류의 시작인 부부관계는 즉각적이고 지속적인 실천 노력이 필요하다. 결혼 초기에는 사랑하는 마음이 커서 자연스럽게 상대방에게 관심을 갖고 배려하지만, 점차 받는 것 없이 주기만 하면 사랑을 의심한다. 의식적인 노력을 기울이되, 배우자에 대한 눈높이와 기대치는 낮추어야 한다. 배우자에게 바라고 요구하는 것이 크고 자신에게 엄격하지 않으면 실망도 커져 관계 회복이 어려워질 수 있다. 상대방이 수준 높은 인격을 갖춘 완성된 인간이 아니라 되어가는 인간임을 인정하고, 서로에게 이해와 관용의 태도를 지녀야 한다.

만일 상대방이 실수를 하거나 잘못을 하면, 절망하고 감정마저 차가워질 수 있다. 그렇다 보니 그대로 갚아준다고 생각하거나, 아예 선을 긋고 법적인 부부로만 살아가는 경우도 있다. 하지만 노력하지 않거나 똑같이 행동하는 것은 자신을 해치고 자신의 존엄을 포기하는 것과 같다. 상대방이 어떻든 스스로는 바르게 행동하여 자신의 자존을 지키려고 노력해야 한다. 배우자가 정상적인 사람이라면, 감화하여 삶의 태도 변화를 보일 것이다. 물론 배우자의 변화 여부는 상대방의 몫이지 나의 몫이 아니다. 객관적 한계가 존재할 수도 있다.

『중용』에서는 "군자의 도는 부부 사이에서 실마리가 만들어진다."고 하였다. 조화로운 부부 관계를 위해 일상에서 진정성 있게 노력하는 것은 자신의 존엄을 스스로 지키고, 배우자와 가족, 세상을 변화시키는 시작이 될 수 있다. 그렇다고 이혼을 부정하는 것은 아니다. 그럴만한 상황이면 충분히 고려할 수 있을 것이다. 다만 노력 없이 관계를 차갑게 단절하는 것은 책임져야 할 많은 인연에게 부담을 줄 수 있다.

선현들은 원앙을 금슬 좋은 부부로 비유하였다. 원앙은 오리과의 물새로, 암컷과 수컷이 서로 떨어지지 않는다고 한다. 한 마리를 잡아가면 남은 한 마리가 제 짝을 그리다 죽고 만다고 해서 원앙을 '배필새'라고 부르기도 한다. 전통사회에서 원앙을 정절의 표상으로 상징하던 시기도 있었지만, 본래 의미는 진정으로 사랑하기에 마지막 순간까지 함께 하고픈 지극한 사랑을 비유한 것이다. 거문고와 비파의 서로 다른 소리가 조화롭게 어우러져 감동적인 음악이 되듯, 서로 다른 존재가 인연을 맺어 다름을 존중하고 다름과 조화하며 금슬 좋은 부부 사이를 이루는 비결, '별'의 관계 윤리를 실천하는 데서 시작한다.

2) 찬물도 위아래가 있다?

"찬물도 위아래가 있다."는 속담이 있다. 손쉽게 얻을 수 있는 찬물이라도 윗사람과 아랫사람의 차례를 지켜가며 마셔야 한다는 것이다. 전통사회에서 아랫사람이 웃어른을 공경해야 하는 예의범절을 비유적으로 일컬은 말이다.

그래서인지 신입생과 재학생이 처음 대면하는 학기 초가 되면, 통성명을 하고 난 뒤, 나이를 물어보는 장면을 흔히 볼 수 있다. 신입생이 현역인지, 재수인지, 삼수인지 알아야 서열이 정리되어 선후배 관계가 어색하지 않게 시작할 수 있어서 일 것이다.

대인관계에서 서열을 따지는 문화는 곳곳에서 찾아볼 수 있다. 어른과 식사 할 때 식사를 마쳤더라도 어른이 식사 중이면 자리에서 일어나지 말아야 하고, 술자리에서 건배를 할 때 연장자보다 잔을 낮게 부딪쳐야 한다는 등의 암묵적인 규범이 존재한다.

아마도 관계윤리를 지칭하는 '오륜' 가운데 하나인 '장유유서'가 우리 사회에 깊은 영향을 주었기 때문일 것이다. '장유유서'는 어른과 어린 사람 사이에는 차례가 있어야 한다는 의미로, 어른과 어린 사람 사이에 지켜야 할 관계 윤리의 원칙을 말하고 있다.

다만 역사적 전개 속에서 '장유유서'의 본질적 의미는 상실되고, 시대상황에 따라 변용되거나 곡해되어, 나이 차이에 따른 수직적인 서열문화를 긍정하고, 통치기반을 강화하는 권위주의와 어린 사람을 억압하는 세대갈등 등의 이론토대로 작용하였다.

법가 사유의 이론을 정비한 한비자는 신하는 임금을 섬기고 자식은 부모를 모시며 아내는 남편을 순종하는 것이 천하의 변치 않는 도리라 말하고, 상하 관계의 위계질서를 강조하였다. 한나라 때 동중서는 유학을 존숭했음에도 왕권강화를 위해 법가와 유사한 '삼강三綱' 사상을 만들었다. 군신·부자·부부의 관계에는 차등이 존재하는데, 전자가 우선이고 후자가 차선이라는 것이다.

송나라 때 성리학을 집대성한 주자는 천리를 드러내는 관계윤리의 측면에서 오륜을 해석하였지만, 일상의 윤리를 설명한 『소학』에서는 장유유서를 설명하며 웃어른에 대한 행위 규범을 강조하여 어린 사람이 나이 많은 어른을 공경해야 함을 역설하였다.

이러한 사상 문화의 배경과 그 영향 때문인지 우리 사회에서 후배가 선배에게 대든다거나 나이 어린 사람이 어른에게 맞서는 것은 상당히 부담스러운 일이다. 지하철이나 버스에서 어른에게 난데없이 자리를 양보하지 않는다고 핀잔을 들어도 불편을 감수하고 순응하고는 한다.

물론 최근에는 전통사회의 관계윤리에 대한 인식이 많이 옅어졌다. 장유유서를 말하는 순간 꼰대로 낙인찍힐 수도 있다. 장유유서는 가족단위로 살던 씨족사회에서나 봉건적인 질서유지를 위해 필요한 윤리덕목이지, 4차 산업혁명으로 급변하는 현대사회에서 적용하는 것은 부적절하다고 인식한다.

그러나 개념의 본래 의미를 추론하고 왜곡되거나 변용된 점을 비판적으로 검토하고 수용하여 그 본의가 온전하게 드러날 때 고전이 지금 바로 여기에서 가치 있는 지혜의 보고로 자리매김을 할 수 있다. 『논어』와 『맹자』 같은 동양고전에는 나이 많은 어른에 대한 공경의 사례가 자주 눈에 띈다.

> 마을 사람들과 함께 술을 마실 때, 지팡이를 짚은 노인이 자리를 떠야 비로소 나가셨다.
>
> 鄕人飮酒, 杖者出, 斯出矣.(『논어』「향당」)

> 천천히 걸으면서 어른을 뒤따르는 것을 공손이라고 하고, 빨리 걸어 어른 보다 앞서는 것을 불손이라고 한다.
>
> 徐行後長者, 謂之弟. 疾行先長者, 謂之不弟.(『맹자』「고자」)

자리에 앉을 때, 식사할 때, 밖으로 나갈 때 어른보다 먼저 하지 않고 어른을 뒤따랐다는 것은 웃어른에 대한 공경의 마음을 표현한 것이다. 뒤따른다는 '수행隨行'은 어른보다 한 발짝 뒤에 서서 조심스럽게 걷는 모습을 묘사한 말이다. 『예기』에서는 나이 차가 배가 되면 아버지 모시듯 하며 뒤따라 걸었고[수행隨行], 열 살이 많으면 형을 모시듯 하며 기러기가 줄지어 날듯 약간 처져 걸었으며[안행雁行], 다섯 살 이내로 많으면 친구로 여기고 어깨를 나란히 하며 걸었다[견수肩隨]고 한다.

어른보다 뒤에 하는 것은 누가 시켜서가 아니라 공경하는 마음에서 저절로 우러나온 행동이다. 양심이 강조되는 사회에서는 노인이 길에서 물건을 지고 가면 마음이 불편하다. 도와드리지 않으면 양심의 가책을 느껴 견디기 힘들 수도 있다.

『주역』에서는 "무릇 대인은 사계절과 그 차례를 함께 한다."고 하였다. 봄·여름·가을·겨울의 사계절 변화는 어김없이 순서대로 다가온다. 봄은 만물의 싹을 틔우고, 여름은 성장시키며, 가을은 결실을 맺게 하고, 겨울은 수렴하게 한다. 봄이 끝났는데 여름 없이 가을로 접어들면 엽등躐等이다. 여름 이후 가을이 오지 않고 다시 봄으로 돌아가면 역행이다. 엽등과 역행처럼 차례가 어긋나면 천지만물은 존재할 수 없다. 훌륭한 인격을 지닌 대인은 생각과 행동이 자연스러운 사계절의 운행처럼 '차례[서序]'에 맞게 선후를 구분하며 대처한다.

사계절의 변화 속에 드러난 '차례'의 본질은 '상생相生'이다. 만물을 살리는 이치가 자연변화의 순서에 발현되고 있는 것이다. 어린 사람이 나이 많은 어른을 먼저 하게 하는 것도 상대방을 살리는 마음을 표현한 것이다.

물론 상생의 실현은 아랫사람이 웃어른을 공경하는 '유경장幼敬長'의 한 방향만을 강요하지 않는다. 어른이 어린 사람을 사랑하는 '장자유長慈幼'의 방향 역시 포함하고 있다. 어른이 어린 사람을 사랑해야 하는 원리 역시 '차례'에 내포되어 있는 것이다.

'차례'의 기준 또한 고정된 것이 아니다. 윗사람과 아랫사람이 서로 살리는 마음을 표현할 때 익숙한 방식이나 고정된 잣대를 고집하면 잘못이다. 양심에 따라 상황에 맞게 표현해야 하는 것이다.

어른이 어린 사람을 사랑하고, 어린 사람이 어른을 공경하는 살림의 마음은 상황에 따라 달리 표현된다. 식사할 때 어린아이가 먼저 할 수도 있고, 인사할 때 어른이 먼저 할 수도 있으며, 길을 걸을 때 어른이 뒤에 서서 걸을 수도 있다. 서로 살리는 마음을 적절하게 표현하는 것이 '장유유서'의 본질적 의미이다.

자신의 이익이나 집단의 이익을 추구하는 것이 당연하게 여겨지는 현대사회에서는 관계윤리보다 개인의 인권이 강조된다. 장유유서는 고리타분한 봉건사회의 윤리덕목이고, 그것을 없애는 것이 공정이며, 젊은 세대와 어른들이 동등하게 공존하는 수평적인 관계가 중요하다고 말한다.

하지만 우리 사회에 영향을 주었던 장유유서의 관계윤리는 천지만물의 조화로운 질서의 본질인 서로 살리는 마음이 내재되어 있다. 세상 경험이 풍부하고 삶 속에서 축적된 지혜가 높은 어른을 공경하고, 어린 사람을 바르게 성장하도록 따뜻한 시선으로 바라보는 관계윤리의 실현은 차갑게 식어버린 사회에 따뜻함을 불어넣어 줄 수 있을 것이다.

仁義

禮

智

제2부

의 義

정의를 행하다

3장

의로움을 세우다

군자는 의를 바탕으로 삼는다

君子義以爲質 - 『논어』 「위령공」

1. 생명보다 귀한 가치, 의

1) 구차하게 살지 않으련다

산을 오르다 길을 잃었다. 캄캄한 어둠이 밀려오는데 준비한 손전등도 나침반도 없다. 매일 마주하던 산이라 만만하게 본 탓이다. 두려움에 무작정 계곡을 헤치고 정상에 오르니 달빛이 희미하게 길을 안내한다.

사는 게 꼭 산행과 같다. 태양이 길을 환하게 비출 때는 고민 없이 즐기며 가면 되지만, 어둠 속에서는 그렇지 않다. 부패와 불법이 난무하는 사회에서는 우리의 일상이 어둠 속에서 길을 걷는 것 같다. 앞이 보이지 않으니 갈등하고 방황한다. 옳음이 상식이 되어 정의가 구현되는 사회를 열망하지만, 길을 아는 것도, 또 안다고 하더라도 줏대 있게 내딛기도 힘들다.

전설에 의하면 고대에는 진실과 거짓을 판별할 때 영험한 양을 사용하였다고 한다. 쟁송爭訟이 심할 경우 각자 양 한 마리를 법정에 보내고, 진술을 마친 뒤 풀어놓은 양의 뿔에 받힌 사람이 패소했다. 회의문자인 '의義'는 판단 기준인 양羊과 무력과 왕권의 상징인 삼지창[戈]을 소유한 모습을 형상화한 글자로, 현명함과 정치적 힘이 조화된 이상적 상태를 의미한다. 갑골문과 금문에서 '의'자는 희생물로 바친 양을 신의 뜻에 맞도록 톱 모양의 칼로 알맞게 자르는 모양을 하고 있다. 발음이 같은 '의宜'자 역시 도마[俎] 위에 고기를 올려놓고 적절하게 자르는 모양을 본뜬 것이다. 그래서 '올바르다·적절하다·마땅하다'는 의미로 쓰였다.

공자는 의리義理·도의道義·절의節義 등과 함께 올바른 행동 기준을 의미하는 '의'가 모든 일의 근본이라고 말한다.

군자라면 무엇보다 의를 으뜸으로 삼는다. 군자가 용맹스러움은 갖추었지만 의가 없으면 세상을 혼란스럽게 하고, 소인이 용맹스러움은 갖추었지만 의가 없으면 도적질을 할 것이다.

君子義以爲上. 君子有勇而無義, 爲亂, 小人有勇而無義, 爲盜.(『논어』「양화」)

윗자리에 있는 군자가 의를 모르고 용맹만 숭상하면 이치를 거스르고 본분을 망각하여 세상을 어지럽힐 것이고, 아래에 있는 백성이 한갓 용맹만 믿고 의로 제어할 줄 모르면 흉악한 도적이 될 것이다. 즉 군자든 소인이든 신분고하를 막론하고 힘은 지녔지만 그 중심에 '의'가 없다면 세상은 혼란스러워질 것이다. 따라서 성학聖學에 뜻을 두고 공부하는 군자라면 당연히 '의'를 준칙으로 자신의 삶을 이루어야 한다.

조선의 실천 유학자로 손꼽히는 남명 조식의 삶이 그러했다. 그는 여러 차례 왕의 부름을 받았지만 끝내 정계에 나가지 않고 처사處士로 일생을 마쳤다. 남명이 중시한 것은 경敬과 의義였다. 그는 이 두 글자를 칼에 새겨서 '올바른 마음을 길러 올바름을 실천'하고자 다짐했다. 이를 '경의검敬義劍'이라고 하는데, "안으로 마음을 밝히는 것은 경이요, 밖으로 행동을 결단하는 것은 의이다[내명자경,

외단자의[內明者敬, 外斷者義].'라는 뜻이다. 작은 티끌도 용납하지 않는 엄격함과 올곧음을 향한 남명의 기상을 엿볼 수 있다. 또 그는 '성성자惺惺子'라고 이름 붙인 쇠방울을 허리춤에 차고 그 소리를 들으며 스스로를 경계하고 공경하고 두려워하는 수양의 도구로 삼았다. 임금을 향해서도 직언을 서슴지 않았던 그는 하늘이 울어도 울지 않는[천명유불명天鳴猶不鳴] 지리산 같은 존재가 되고자 했다. 올바름과 청렴의 삶은 남명이 평생토록 지켰던 신념이며 후학들에게 당부하던 가르침이었다. 그가 쓴 '냇물에 목욕하며[욕천浴川]'에서도 인욕을 끊고 의로움을 고수하겠다는 선비의 기상을 만날 수 있다.

사십 년 동안 온몸에 찌든 때
천 섬 되는 맑은 물에 씻어버리네
오장에 티끌이라도 생긴다면
당장 배를 갈라 흐르는 물에 씻어 보내리(『남명집』)

남명의 결의와 올곧음은 제자들에게도 이어졌으며, 나라가 위급할 때 불의에 저항하여 잘못을 바로잡는 유학자의 의리정신으로 계승되어 역사의 굽이굽이에서 빛을 발하였다.

이 시대의 마지막 선비인 심산 김창숙도 그러했다. 그는 일제강점기와 대한민국 초기를 살면서 불의와 타협하지 않는 선비정신을 지킨 지성인이었다. "성인의 글을 읽고도 성인이 세상을 구제한 뜻을 깨닫지 못한다면 그는 가짜 선비"(『심산유고』)라고 보았던 심산은 시대의 불행을 외면하고, 자신의 안일을 추구하는 삶을 선택하지는

심산상: 심산心山 김창숙金昌淑(성균관대학교 자연과학캠퍼스 내 심산상)

않았다. 그는 나라를 잃은 불행한 시대에는 민족의 독립을 위해 투쟁과 희생의 삶을 살았고, 광복 후에는 민족의 분열을 막기 위해 노력했다. 또한 국가의 미래를 위해 교육에 일생을 바쳤다. 그런 중에도 잘못된 권력과 타협하지 않고 오직 의를 중심에 두고 의만을 따랐다.

이처럼 동아시아에서 의는 수천 년간 선현들의 종교적 신념에 가까운 행동의 기준이자, 극한 상황 속에서도 그들을 지탱하게 하는 버팀목이었다.

2) 생각의 칼날 되어

살아가면서 선택의 기로에 설 때가 많다. 생명과 의, 둘 중 하나를 선택해야 한다면 많은 사람들은 생명을 선택할 것이다. 하지만 공자는 생명보다 귀한 것이 올바름이라고 하였다. 사람은 언젠가 죽지만 옳음을 잃고 사는 것은 자신과 마음을 잃고 사는 것과 같다. 그래서 공자는 말한다.

여러 사람과 하루 종일 지내면서 말이 의에 미치지 못하고 작은 지혜를 행하기 좋아한다면, 그런 자는 어렵다.

群居終日, 言不及義, 好行小慧, 難矣哉.(『논어』 「위령공」)

여러 사람과 함께 부대끼며 생활하는 것이 일상이다. 그 속에서 매 순간 적절하게 정의되는 의를 언급하지 않고, 사사로운 것에 머리 굴리며 스스로를 총명하다 자찬하는 자, 이는 전형적인 소인이다. 그런 자는 가르쳐 바로잡기도 힘들다. 결국 화를 자초하여 어려운 상황에 부딪치게 된다.

물론 의를 실천하는 것은 남에게 인정받기 위함이 아니다. 알아주든 몰라주든 묵묵히 자기 일을 할 뿐이다. 그러다 보니 의를 실현하기 위해 노력하는 과정은 때로 객관적 한계를 안겨주기도 한다. 도로 한복판 매연 속에서 자라는 소나무와 지리산 깊은 곳에서 천지의 기운을 온전히 받고 자라는 소나무의 경우, 애초부터 환경이 다르기에 모습도 성장도 다르다. 이처럼 어쩔 수 없는 한계는 분노의 대상도 극복의 대상도 아니다. 그 상황에서 사명을 자각하여 부단히 노력하다가 한계에 맞닥뜨린다고 하더라도 포기하지 않고 최선을 다하는 것, 그것이 군자의 선택이다.

"명命을 알지 못하면 군자가 될 수 없다."(『논어』) 공자의 이 선언은 나이 오십에 비로소 천명을 알았다는 고백과 궤를 같이한다. 공자는 자기에게 갖추어진 덕성을 완성하여 궁극적 즐거움과 자유로움을 느끼는 성인의 경지에 도달하는 것이 군자의 평생 사명이라고 보았다. 덕을 추구하는 자는 유한한 물욕이 주는 짧은 달콤함에 흔들리지 않는다. 내면의 본성을 독실하게 믿고 의로움을 행하는 일이 그의 사명이다. 이것은 죽음 앞에서도 그만둘 수 없고 그칠 수 없다.

다산 정약용이 유배지에서 큰아들에게 보낸 편지가 있다. 그 편지에서 의로움을 지키기 위해 지녔던 굳은 신념과 객관적 한계에 대한 수용의 태도를 엿볼 수 있다.

내가 귀양이 풀려 돌아가느냐 못 돌아가느냐 하는 일은 참으로 큰일은 큰일이나, 죽고 사는 일에 비하면 극히 작은 일이다. 사람이란 때로 물고기를 버리고 곰 발바닥을 취하는 경우도 있다만, 귀양이 풀려 집에 돌아가느냐 못 돌아가느냐 정도의 작은 일에 잽싸게 다른 사람에게 꼬리를 흔들며 애걸하고 산다면, 만약 나라에 외침이 있어 난리가 터질 때 임금을 배반하고 적군에 투항하지 않을 사람이 몇이나 있겠느냐? 내가 살아서 고향 땅을 밟는 것도 명命이고, 고향 땅을 밟지 못하는 것도 명일 것이다. 사람이 해야 할 일을 다 하지 않고 천명만을 기다리는 것 또한 이치에 합당하지 않지만, 너는 사람이 해야 할 일을 이미 다 했으니 이러고도 내가 끝내 돌아가지 못한다면 이것 또한 운명일 뿐이다.(『유배지에서 보낸 편지』)

사사로운 이익에 뜻을 두거나 의로움에 뜻을 두거나 모두 자기의 선택이다. 매 순간 상황에 맞는 시중時中적 가치인 의를 냉철한 판단으로 실천하려 노력했던 다산의 삶은 후학들을 숙연하게 한다. 유배에서 풀려나는 것은 중요하지 않다. 오직 의로움만을 믿고 따르는 것, 그것이 그의 관심이자 목표였다.

생각은 말과 행동을 결정하고 습관에 영향을 미친다. 따라서 매 순간 생각에서부터 의로움에 집중하고 의로운 행동을 해야 한다. 그러다 보면 어느새 자기도 모르게 의에 가까운 말과 행동을 반복하게 되고, 의로움을 따르고 실천하는 것이 편안하고 즐겁게 된다.

2. 의로움의 기준

1) 마음속의 도덕률

가끔 차가 인도로 돌진하고, 사람이 차도를 무단으로 횡단하는 경우가 있다. 사고로 이어질 경우, 인명 피해는 물론 도로는 순식간에 아수라장이 된다. 자신이 가야 할 안전한 길을 버려두고 잘못 들어선 결과이다. 맹자는 의를 '사람이 다니는 바른길[인지정로人之正路]'이라고 하였다. 그 길로 가지 않았을 때 내면에서 반사적으로 울리는 경고음이 '수오지심羞惡之心'이다. '수羞'는 자신의 부정한 생각과 행위에 대해 부끄러워하는 것이고, '오惡'은 타인의 부당한 마음과 행위에 대해 비판하는 것이다. 학습과 경험을 거치지 않고도 인간은 누구나 저절로 수오지심을 지니고 태어난다. 본래부터 갖고 있는 부끄러움과 미워함은 사사로운 욕망을 제어하고 마땅히 가야할 길을 분별하여, 의를 자각하고 실천하도록 한다.

이에 상대방의 치기 어린 행동을 보면 '객기客氣 부리지 말고 순리順理대로 살라'고 조언을 한다. 마음속에 있는 본성을 자각하고 그것에 맞게 살아야 자신도 편안하고 남과의 관계도 조화롭게 유지할 수 있다는 말이다. 이는 바람직한 행위 기준인 의가 경험을 통해서만 확인되는 외재적 가치가 아니라, 내재한 도덕적 준칙임을 말하는 것이기도 하다.

공자 일행이 송나라를 지날 때였다. 당시 대부였던 환퇴가 일행을 해치려 했다. 절체절명의 위험천만한 상황이었지만 공자는 의연하게 대처했다.

> 하늘이 나에게 덕을 주셨으니 환퇴가 나에게 어찌 하겠는가?
> 天生德於予, 桓魋其如予何?(『논어』「술이」)

위기 상황에서도 빛나는 공자의 여유다. 과연 공자가 말한 덕은 무엇을 의미하는 것인가? 금문에서 덕德은 '憼'으로 썼다. 조상들에 대해 눈을 크게 뜨고 경외하는 마음을 상형한 것이다. 『설문해자』에서는 '마음에 덕을 얻고 남에게 베푸는 것'이라고 풀이한다. 주자는 덕이 '얻는다'는 의미의 '득得'과 통한다고 보았다. '덕' 자를 나누어 보면 열 개의 눈[십목十目]과 하나의 마음[일심一心]으로 이루어져 있다. 덕은 수많은 눈들이 지켜보고 있듯이 경건한 마음으로 행동을 삼가고, 선험적으로 내재한 의를 실천하여 망각하지 않는 것을 뜻한다.

꾸준한 자기 성찰과 노력으로 내면의 덕을 확충한 공자의 입장에서 소인배처럼 행동하는 환퇴의 위협은 두려움의 대상이 아니다.

오직 마음속의 행위 준칙을 주체적으로 자각하고 그러한 삶을 살지 못하는 것이 걱정스러울 따름이다.

인간은 내면에 의가 있음을 자각하고 실천하는 주체이자 자율적 존재이다. 따라서 큰 병에 걸리거나 생명이 위급한 상황을 만나더라도, 무당을 불러 굿을 하거나 제물을 드려 하늘에 빌고 복을 구할 필요가 없다. 하늘[천天]과 귀신 등의 초월적 존재는 더 이상 공포와 경이의 대상이 아니라, 마음에 내재한 의를 통해 확인되는 도덕의 본원이다.

물론 하늘에 대한 인식의 전환은 이미 오래전에 시작되었다. 서주 말기와 춘추시대를 거치면서 숱한 변란을 겪은 백성들은 이전까지 절대자로 의지하고 두려워하던 천에 대한 믿음을 점차 거두었다. 서주 말, 왕의 포악한 정치는 덕을 잃었고, 그로 인해 천명사상까지 불신하고 회의하는 태도를 보였다. 춘추시대로 접어들면서 천에 대한 동요는 더욱 심화되었다. 이러한 사상적 전환기를 지켜본 공자는 '천의 내재화'라는 능동적 방식으로 하늘과 주체적으로 소통하였다. 공자는 제사나 무당 혹은 명령 등의 수동적인 자세로 하늘의 뜻을 읽으려 하지 않았다. 또한 혼자만 독점하지 않고 모든 사람이 공유하여 누구나 하늘의 뜻을 알 수 있도록 하였다. '천인합일天人合一'의 가능성이 신분 고하를 막론하고 모든 사람에게로 확대된 것이다.

하늘은 이제 먹고 자고 생활하는 일상뿐만 아니라 천지자연의 모습 속에서도 확인된다. "하늘이 무슨 말을 하더냐? 사계절이 운행하고 만물이 생장하는 가운데 하늘의 모습이 현현하고 있는데, 하늘이 무슨 말을 하더냐?"(『논어』) 어김없이 변화하는 사계절과 꾸밈 없이 자라나는 만물을 통해 온전한 하늘의 모습을 느끼고 알 수 있는 것이다.

"위대하도다! 요의 임금 노릇 하심이여! 우뚝하게 오직 저 하늘만이 큰데, 오직 요임금만이 본받았으니, 넓고 넓어 백성들이 뭐라고 형용하지 못하는구나!"(『논어』) 공자는 이상사회를 이룬 요임금을 이렇게 찬양했다. 이는 요임금이 자신에게 내재한 하늘의 이치를 밝히고, 그것에 따라 태양이 만물을 차별 없이 비추듯 천하를 공정하게 다스렸기 때문이다.

만일 공자가 천의 인격적 측면에 기대를 걸고 모든 일을 그것에 의지해 풀어나갔다면, 초월적 존재에 대한 찬미나 숭배의 흔적이 『논어』에 있어야 한다. 하지만 전편을 훑어봐도 그런 흔적은 찾을 수 없다. 공자에게 하늘이 인격적 존재인지 아닌지는 중요하지 않다. 하늘의 이치는 꾸밈없이 자라나는 만물의 성실함이나 인간의 덕행을 통해 구현된다. 따라서 인간 스스로 하늘과 합일하도록 힘쓰는 것이 핵심이다. 그러려면 먼저 마음을 다해 옳음을 자각하고 실천해야 한다. 사욕에 이끌리지 않고 내재한 옳음을 바탕으로 생각하고 행동하면 결국 하늘과 합일할 수 있다. 즉 공자의 관심은 초월적 하늘에서 도덕적 사고와 행위의 주체인 인간의 마음으로 바뀌었다. 사고의 획기적인 전환이다.

2) 상황에 맞는 저울추

의는 마음 밖에 외재하는 준칙이 아니라 '천'이 인간의 마음에 내재한 어진 마음을 상황에 맞게 표현하는 행위준칙이다. 그러므로 인간의 당위적 행위 기준은 각각의 시간과 공간에서 제각기 다른 모습으로 드러나기도 한다. 공자가 말하였다.

> 군자는 세상에 대처할 때, 반드시 그래야만 한다는 것도 없고 절대로 해서는 안 된다는 것도 없다. 오직 의만을 가까이하고 따른다.
>
> 君子之於天下也, 無適也, 無莫也. 義之與比.(『논어』「이인」)

대부분 사람들은 자기 입장에서 설정한 옳고 그름에 대한 잣대와 기준이 있다. 그 때문에 평소에 해야 할 것과 하지 말아야 할 것이 분명하다. 그리고 그 잣대를 자신과 주변인들에게 엄격하게 들이댄다. 이는 자기 생각과 이념을 기준으로 한 것이기에 치우쳐 있을 뿐 아니라 상황의 변화에 능동적으로 대처하지도 못한다. 그로인해 불협화음이 끊이지 않는다. 공자는 그렇지 않았다. 꼭 그래야하는 것도 절대로 해서는 안 되는 일도 없었다. 다만 때와 상황에맞게 '의'를 중심에 두고 행할 뿐이었다. 때에 따라 가장 적합한 것을 따르는 수시처중隨時處中을 행한 것이다.

이처럼 군자는 사견이나 시류에 흔들리지 않고 상황에 합당하고 적절한 준칙인 의에 따라 행동한다. 마치 산을 오를 때 정해 놓은 길이 없다고 해서 가파른 절벽이나 험난한 숲길을 선택하지 않는 것과 같다. 의는 가장 편안하고 안전하며 빠른 길이며, 모두를 아우르는 길이다. 그 때문에 비록 자신의 생각과 다르더라도 그 옳음을 인정하고 동의할 수 있다.

물론 상황에 맞게 드러나는 도덕 준칙이 의로움이니, 보편적으로 적용할 수 있는 객관성이 결여된다고 판단할 수도 있다. 공자는 우임금이 치수의 중책을 맡고 세 번이나 자기 집을 지나가면서 들어가지 않고 백성구제에 힘을 쏟았으니, 어질다고 하였다. 또 안연이 난세를 만나 함부로 나아가지 않고 물러나 수신에 힘을 쏟았는데, 어질다고 하였다. 맹자는 공자의 이러한 평가를 두고, "우임금과 안연이 입장을 바꾸어 보면 모두 동일한 선택을 했을 것이다."(『맹자』)라고 부연한다. 나아감과 물러남의 각기 다른 행위를 두고 모두 어질다고 말한 것은 천하를 한 몸으로 여기는 어진 마음을 실천하였기 때문이라는 것이다.

『대학』에서는 모두 하나가 된 가장 이상적인 상태를 '지어지선止於至善'이라고 한다. 이에 대한 본보기가 문왕이다. 공자가 존경했던 문왕은 자신이 처한 위치에 따라 그에 맞는 삶을 살았다. "임금이었을 때는 인仁을 다하였고, 신하였을 때는 경敬을 다하였다. 자식이었을 때는 효孝를 다하였고, 부모가 되어서는 자慈를 다하였다. 그리고 백성과 함께 할 때는 신信을 다하였다." 이처럼 각각의 역할은 고정된 것이 아니어서 상황에 맞게 행동해야 한다. 임금일 때와 신하일 때는 다르다. 부모일 때와 자식일 때 역시 다르다. 문왕은 역할에 따라 올바르게 행하였다. 그것이 지극한 선에 머무는 '지어지선'이다. 때와 상황에 합당한 옳음에 의거하여 주어진 위치에 맞게 제 역할을 행해야 하는 것이다. 따라서 변화의 중심에는 반드시 '의'가 있어야 한다. 참새가 낮에는 전깃줄에 모여 앉아 먹잇감을 찾거나 쉬지만, 밤에는 수풀이 우거진 숲이나 둥지에서 안전하게 잠드는 것과 같다.

상황에 따라 준비하고 머물며, 나아가고 물러나는 행위를 과불급過不及없이 올바르게 하여, 시중時中에 맞게 행하는 것이 중요하다. 이는 병자호란 당시 국난 극복을 위한 척화파斥和派와 주화파主和派의 논쟁에서도 드러난다. 당시 청나라의 침입은 조선을 절체절명의 위기로 몰아넣었다. 조선은 임진왜란 이후 아직 국력 회복이 되지 않은 상태였다. 그런데 위기를 앞에 두고 척화파와 주화파는 의견이 갈렸다. 척화파의 대표인 김상헌은 끝까지 항쟁해야 한다고 주장했다. 싸워보지도 않고 항복문서를 보내는 것은 수치이며, 명나라의 원수에게 항복하는 것은 의리를 저버리는 행위이자 근본을 잃는 행위라는 것이다. 반면 주화파의 대표 최명길은 입장이 달랐다. 망해가는 명나라에 대한 의리를 지키는 것은 태평한 세월에나 통용되는 것이다. 나라 보존이 우선인 만큼 타협을 해서라도 우선 나라를 보존해야 한다. 후일 도모는 그다음이라는 것이다.

두 입장은 명분名分과 실리實利의 싸움이라고 단순하게 평가할 수도 있다. 하지만 실은 '의'를 두고 벌인 치열한 논쟁이었다. 실제 누가 당시 상황에 맞는 옳음을 주장했는지에 대한 판단은 일단 보류하자. 명분을 추구하지만 이미 실리가 따르고, 실리를 추구하지만 이미 명분이 실려 있는 것이 '의'인 것이다.

'의'는 무게에 따라 자유자재로 움직이는 저울추와 같다. 따라서 극단에 빠지거나 고정되어 치우치지 않고 상황에 따라 늘 새롭고 유연하게 정립되는 중용적 가치이다. 그런데 중용을 행하는 것이 어디 쉬운 일인가? 공자가 "중용의 덕은 참으로 지극하구나! 하지만 이러한 덕을 지닌 이가 적어진 지 오래되었다."(『논어』)라고 말한 것도 쉽지 않기 때문이다. 하나의 행위가 상황에 따라 달리 해석되는 것도 '의'가 그 기준이 된다. 예를 들어 살인은 매우 부도덕한 행위이다. 하지만 불의에 저항하여 살신성인殺身成仁의 태도를 적극 실천한 안중근 의사義士의 행위는 오히려 의로운 행동으로 간주되는 것이 그것이다.

　때에 따라 상황은 바뀐다. 그 때문에 꼭 해야만 하거나 절대로 해서는 안 되는 일은 없다. 때와 상황에 맞는지, 올바른지 아닌지 헤아려야 한다. '의'만 보고 '의'를 따르는 것, 이것이 군자의 선택이고 가야 할 길이다. 의로움의 자각과 실천을 위해서는 지나간 과거나 오지 않은 미래에 집착해선 안 된다. 지금 바로 여기에서, '의'를 기준으로 삼아 민감하고 민첩하게 반응하는 것, 이것이 우리의 태도이다.

3. 어진 마음의 방향타

1) 공자 고을의 정직한 자

　『논어』에 기록된 섭공과 공자가 '정직[직直]'에 대해 주고받은 대화는 공자가 정의하는 '의'의 특성을 단적으로 보여준다.

　섭공이 공자에게 말하였다. "우리 고을에 정직하게 행동하는 자가
있으니, 그의 아버지가 양을 가로채자, 아들이 그것을 증명하였습니다."
　공자가 말하였다. "우리 고을의 정직한 사람은 이와 다릅니다. 아버
지는 자식을 위해 숨겨주고 자식은 아버지를 위해 숨겨주니, 정직함은
그 가운데 있는 것입니다."
　葉公, 語孔子曰 "吾黨, 有直躬者, 其父攘羊, 而子證之."
　孔子曰 "吾黨之直者, 異於是. 父爲子隱, 子爲父隱, 直在其中矣."(『논어』
「자로」)

　섭공은 아버지가 양을 훔치자 아들이 고발했다는 사례를 들어
그의 정직함을 자랑하였다. 사회는 독립된 개체의 집합collection이
라고 여기는 현대사회의 개인주의적 사유와 합헌주의에 기초한 민
주주의의 관점에서 보면 섭공의 언급은 매우 타당하다. 사회정의를
가정에서까지 실천하는 모범적 사례이다.
　그런데 공자의 대답은 달랐다. 아버지가 도둑질을 한 것은 도덕
적으로 문제 있는 행동이다. 그 때문에 부자가 서로 숨겨주는 행위
가 못마땅했는지 주자는 남의 닭이나 개가 자기 집에 들어온 것을
가로챈 것이라고 설명했다. 직접 훔치고 도적질하는 것과는 다르다
는 것이다. 그 때문에 고발했다고 하지 않고 증명한다고 하였다.
　『맹자』에는 도둑질 차원이 아니라 살인까지 한 아버지를 업고 도
망친다는 예화도 있다. 맹자의 제자인 도응은 순은 천자이고 고요

는 법관인데, 순의 아버지인 고수가 살인을 한다면 순과 고요가 어떻게 대처했겠냐는 질문을 던진다. 그러자 맹자는 고요는 마땅히 고수를 체포했을 것이고, 순은 나라를 헌신짝처럼 버리고 아버지를 업고 도망가 바다를 따라 살았을 것이라고 대답한다. 이 이야기에 의거하면 주자의 해석은 설득력이 떨어진다.

직궁의 설화는 당시 꽤나 유명한 이야기였던 듯하다. 『한비자』에도 기술되어 있는데, 『논어』와 다른 입장에서 다루고 있다. 아버지가 양을 훔치자 아들인 직궁이 관가에 고발했다. 그러자 초나라의 재상은 오히려 화를 내며 아들을 꾸짖고 사형에 처했다. 아들이 아버지를 고발하는 것은 옳지 않다고 본 것이다. 그 후 초나라에서는 범인을 알아도 상부에 고발하지 않는 일도 있었다고 기술하였다.

『한비자』에는 법과 효의 관계를 소개한 다른 사례도 있다. 노나라에서는 전쟁이 날 때마다 탈영하는 자가 있었다. 공자가 이유를 물었더니 그는 늙은 아버지를 부양하기 위해서라고 답했다. 공자가 그 효성을 칭찬하자 이후 노나라에서는 수많은 사람이 탈영했다는 것이다.

한비자는 이러한 예를 통해 아버지에게 효자는 임금에게 반역자요, 임금에게 충신은 아버지에게 불효자가 된다고 보았다. 임금과 백성의 이익은 본래 상반된다는 것이다. 따라서 임금이 개인적인 행위를 칭찬함으로써 국가에 복을 가져오는 것은 불가능한 일이며, 국가와 가족 중 국가를 우선해야 한다고 못 박았다. 한비자다운 발상이다.

부모와 자식 간에 서로 숨겨주는 '친친상은親親相隱'은 동아시아 사상문화에도 영향을 주었다. 우리나라의 현행법에 절도나 살인을 감추거나 숨겨주는 것은 범죄지만, 가족이나 친족이 숨겨주는 경우는 처벌하지 않는다. 또 국가의 안보를 위협하는 상황에서 가족의 불고지죄를 처벌해야 하는지에 대한 국가보안법 조항을 두고 많은 논란이 있었던 적이 있다.

2) 사랑 없는 의로움은 허구

범법행위는 사회질서를 무너뜨리는 정의롭지 못한 행위라는 것을 모를 리 없었을 텐데, 공자는 아버지가 도둑질을 했을 경우 자식은 숨겨주어야 한다고 하였다. 정상참작의 한계를 넘어 자의적 판단의 위험성을 지니고 있음에도, 인정과 도리에 따라 아버지의 잘못을 덮어주는 행위를 권장한 것이다. 평소 부당한 방식으로 세금을 거두어들여 부를 축적하는 자가 있다면 제자라도 문하에서 내쳤고, 정직한 사람을 천거하는 일이 위정자가 해야 할 급선무임을 강조하였던 그가 부모자식 사이에서는 서로 숨겨주라는 난해한 선택을 하였다.

사실 '숨겨주라[은隱]'는 권고는 상대방에 대한 '안타까운 마음[측은지심惻隱之心]'이나 '남에게 차마 하지 못하는 마음[불인지심不忍之心]'이 드러난 것이다. 남이 위험한 상황에 처하거나 고통을 받게 되면 저절로 공감(sympathy)의 감정이 싹튼다.

다시 말해 의로움은 부모와 자식의 관계처럼 자연스럽게 발현되는 어진 마음[인심仁心]에 기초하여 규정된다는 것이다. 공자는 사람이 지닌 '인'을 부모의 사랑에 비유하고는 했다. 자식에 대한 부모의 마음은 강제하지 않아도 저절로 드러난다. 설령 아이가 잘못된 행동을 하더라도 부모는 변함없는 신뢰와 사랑으로 아이를 품고 이끈다. 효 역시 그렇다. 욕심에 빠지지 않은 자식이라면 대부분 부모의 뜻을 공경하고 존중한다. '우리'라는 하나 된 관념이 당연하게 자리하고 발현되기 때문이다.

반면 사회적 관계에서는 우리가 동일한 마음으로 연결된 하나의 존재라는 사실을 자주 망각한다. 상대방은 나와 관계없는 '남'에 불과하기에 약속을 어기거나 잘못하면 책임이나 처벌을 먼저 생각한다. 관용과 이해가 비집고 들어갈 틈이 없다. 부부든 친구든 직장 동료든 부모나 자식처럼 본래 하나의 관계라고 생각하면, 먼저 안타까운 마음이 들고 상대방을 이해하고 용서하려 할 것이다. 혹시 부도덕한 행동을 하더라도 다양한 맥락 속에서 신뢰와 사랑의 마음을 전하려고 노력할 것이다. 공자가 사람과 사람의 관계에서 충과 신을 중시하고 신뢰의 회복을 강조한 것도 그 때문이다. 천륜 관계에서 자연스럽게 드러나는 무한한 믿음과 사랑이 확대되어 인류에 미치는 것이 공자의 궁극적 목표이다.

만일 법과 같은 타율적 규율로 운영되는 세상이라면 죄를 지은 아버지를 숨겨주는 것은 사회질서를 무너뜨리는 행위이다. 따라서 부모자식이라 하여 숨겨주어서는 안 된다. 하지만 공자가 이상적으로 여긴 세상은 사랑이 전제된 사회이다. 부모와 자식 사이에 자연스럽게 발현되는 지극한 사랑의 마음을 점차 사회로 확대하는 것을 바람직하게 여긴다. 따라서 의로움은 아버지가 양을 훔쳤을 때 자식이 안타깝게 여기고, 그 마음에 충실하여 아버지를 숨겨주는 가운데 있다.

맹자가 순임금이 살인을 저지른 아버지 고수를 숨겨주었을 것이라 판단한 것도 피해자나 천하 사람들이 순임금의 안중에 없었던 것이 아니라, 조건 없는 사랑이 인간의 본질이며, 도덕적 경지와 무관하게 누구나 쉽게 느끼고 실현 가능한 자연스러운 감정에서 옳은 행위를 시작해야 한다는 현실적인 대안이었다.

물론 측은한 마음은 가족이나 소수에게 제한되지 않는다. 진정성 있는 감정을 지속해서 드러나게 하면, 아버지에 대해 안타깝게 여기는 마음은 상해傷害를 입은 피해자에까지 자연스럽게 미친다.

잘못에 대한 책임의식은 '기간幾諫'이라는 방식으로 표현된다. 기간은 부모에게 은밀하게 간언하는 것이다. 자식이 고발하는 것이 아니라 부모 스스로 잘못을 인정하고 자수하도록 권해야 한다. 자식이 부모에게 간함으로써 깨닫게 하여 부모 스스로 잘못을 뉘우치도록 하는 것, 그 중심에 의로움이 있다. 부모를 숨겨주는 행위는 의가 내면의 어진 마음에 기초하고 있음을 알려주는 수단이다. 숨겨주면서도 피해자의 상황을 안타까워하여, 부모님의 잘못을 끊임없이 간언하여 자각하도록 해야 한다.

또한 부모 자식 사이에서 볼 수 있는 지극히 아끼는 마음에서 의로움이 확인된다는 공자의 언급은 보통 사람을 염두에 두고 한 말로 볼 수 있다. 의가 때와 상황에 맞게 늘 새롭게 규정되는 행동 기준이라고 했을 때, 경우에 따라서 아버지와 자식이 서로 고발하는 것이 정당화 될 수 있다. 만일 성인聖人이라면 그렇다. 성인은 어진 마음을 매 순간 알맞게 드러내 그에 따라 옳은 행동을 실천한다. 따라서 만일 아버지가 양을 훔치는 것을 본다면 아버지를 고발하여 죗값을 치르게 할 수도 있다.

하지만 성인과 달리 보통 사람들은 본래의 마음을 자주 상실한다. 그런 보통 사람에게 성인과 같은 보편적 사랑의 최고 경지를 먼저 일러주면, 자칫 자기 수준을 모르고 뛰어넘게 된다. 또한 공부를 소홀히 하여 어진 마음을 확충해야 할 방도를 모르거나 자포자기하고 만다. 보통 사람들의 경우, 어진 마음은 부모자식 사이에서 쉽게 확인한다. 만일 천륜을 바탕으로 한 자연스러운 감정을 억압하여 '우리는 하나'라는 본심을 제거한다면 공부의 근거가 무너져 더 이상 기댈 곳이 없게 된다. 이 때문에 공자는 지극히 자연스러운 감정에 충실하여 그것을 사회로 확대하는 것이 중요하다고 본 것이다.

효는 사람다움의 본질인 측은지심을 누구나 쉽게 느끼고 진심으로 실천하게 하는 출발점이다. 인간의 본질로서의 조건 없는 사랑은 기본적으로 가족관계에서 확인할 수 있다. 만일 아버지의 범법 행위에 대해 안타깝게 여기는 마음이 없다면 이는 인간의 본질을 독립적 개체로 착각한 것으로, 온정이 없는 사회를 만드는 결과를 가져올 수 있다.

실제 1966년부터 1976년까지 중국 전역에서 일어났던 문화대혁명은 개인과 사회에 깊은 장애를 남겼다. 이념으로 포장되었지만 그 시기는 정작 암흑기였다. 지식은 평가절하됐고 폭력과 상호 감시, 비방과 밀고, 자아비판이 10년 동안 지속되었다. 그동안 사람다움의 마땅함은 어디에서도 찾을 수 없었다. 그 시절 인·의·예·지를 발휘하는 행위는 곧 자기를 부정하는 일이었다. 수많은 희생자와 아픔과 상처를 남긴 문화대혁명은 역사 속으로 자취를 감추었지만, 그 상흔은 중국인들의 의식과 가족사에 지울 수 없는 문신처럼 남아 있다. 도덕 불감증이 만연하고 신뢰가 무너졌다. 아무도 남의 일에 개입하지 않는 방관은 자연스러운 감정을 억압하고 법적 제재를 통해서만 사회를 재건하려 했던 공포에 기인한다.

　이처럼 의는 어진 마음이 상황에 맞게 발현되도록 하는 올바른 행위 기준이다. 개체의 욕망 추구를 긍정하고 사회 구성원의 이익을 법적 기준에 의해 타율적으로 인정하는 것과는 출발부터 다르다. 부모와 자식, 그 천륜 관계에서 드러나는 본마음을 억제하지 않고, 인간의 어진 마음을 적절하게 표현하는 과정에서 비로소 의로움은 빛을 발할 것이다.

4장

의로움으로 경영하다

정치란 바르게 하는 것이다

政者, 正也 -『논어』「안연」

1. 공자, 정치에 뛰어들다

1) 군자의 사명, 치인治人

세 사람 이상 모인 자리에서 정치 이야기는 금물이다. 상대방 표정도 살피지 않고 속내를 드러냈다가는 자칫 서먹해질 수 있다. 그뿐만 아니라 감정이 격해져 싸움판으로 번질 수도 있다. 심한 경우에는 의절義絶하여 다시 보지 않는 관계로 전락하기도 한다.

정치에 대한 무관심은 2,500년 전 공자가 활동했던 시대에도 있었다. 세상을 피해 사는 은자隱者인 장저長沮와 걸닉桀溺은 밭을 갈다 만난 공자 일행에게 도도히 흐르는 이 물결을 어떻게 바꿀 수 있겠냐며 세상과 인연을 끊을 것을 권한다. 또 자로가 만난 광주리를 짊어진 노인은 오곡도 분별하지 못하고 자기 먹을 것도 생산하지 못하는 자가 무슨 선생이냐고 비웃는다. 심지어 어떤 이는 공자를 무모한 자라고 평가한다. 즉 자신을 알아주지 않더라도 그만두지 않고, 불가능한 줄 알면서도 한다는 것이다.

맹자는 공자의 시대를 '무도無道'한 세상이라고 진술한다. "세상이 쇠퇴하고 도가 미약해져 부정한 말과 포학한 행동이 일어나 신하로서 군주를 시해하는 자가 있었으며, 자식으로서 아버지를 시해하는 자가 있었다."(『맹자』)는 것이다. 사회·경제적 토대의 변화와 함께 사회질서가 붕괴되고, 오직 부국강병의 논리로 세상이 혼탁해지는 격변의 시기에 은자들의 선택은 어쩌면 당연하였을 수도 있다. 하지만 공자의 태도는 단호했다. "새나 짐승들과 함께 무리 지어 살 수 없으니, 내가 이 사람의 무리와 더불어 살지 않으면 누구와 더불어 살겠는가! 천하에 도가 있으면 내가 여기에 참여하여 바꾸려고 하지 않을 것이다."(『논어』)

『논어』에는 정치와 관련된 언급이 많을 뿐 아니라 공자는 정치 참여를 자신의 사명이라고 여겼다. 13년여 동안 나이 든 몸을 이끌고 천하를 떠돈 것도 그 때문이었다. 나라가 평온하였다면 타국을 전전하며 굶주림에 허덕이고 죽음까지 무릅쓰며 애쓸 이유가 없다. 공자는 "진실로 나를 쓰는 자가 있다면 일 년만 하더라도 괜찮으며, 삼 년이면 성과가 있을 것이다."(『논어』)라고 할 만큼 자신이 있었다. 자신을 등용한다면 비록 일 년의 짧은 기간이라도 나라의 폐단과 무너진 기강을 바로잡아 어느 정도 회복할 수 있다고 생각했다. 삼 년이면 군사력이 강해지고 재물이 풍족하며 교화가 행해져 크게 다스려지는 성과를 이룰 것이라고 확신했다.

정치는 세상을 이롭게 하는 데에 목적이 있다. 그러기 위해서 리더는 군자가 되어야 하며, 그 시작은 자신을 수양하는 데에서 출발한다. 자로가 군자에 대해 묻자 "경으로 자신을 수양하고[수기이경修己以敬], 자신을 수양해서 사람을 편안하게 하며[수기이안인修己以安人], 자신을 수양해서 백성을 편안하게 해야 한다[수기이안백성修己以安百姓]."(『논어』)라고 답했다. 공자의 대답은 처음부터 끝까지 자신이 수양할 때 편안하고 안정된 세상을 이룰 수 있음을 말한다. 즉 군자의 덕은 마음 바깥의 일이 아니다. 경으로 자신을 수양하고 삼가 맑은 마음을 확립하여, 그 마음으로 주변 사람을 이롭게 하는 것이다. 다산이 "군자의 학문이란 자신을 닦는 수신이 절반이요, 절반은 백성을 다스리는 목민이다."(『목민심서』)라고 한 것 역시 수신이 정치의 바탕임을 말한 것이다. 수신을 통해 확립한 어진 마음으로 백성을 다스리는 것, 군자가 평생 짊어질 사명이다.

2) 어진 정치의 실현

조선 건국의 사상적 기틀을 닦은 정도전은 조선이 유교의 핵심 가치인 '인의예지'가 구현되는 이상사회가 될 것을 염원했다. 이 때문에 도성을 드나드는 문들을 흥인지문興仁之門·숭례문崇禮門·돈의문敦義門·홍지문弘智門이라고 명명했다. 또 어진 정치가 실현되기를 소망하여 이궁으로 지은 창덕궁의 정전正殿을 '인정전仁政殿'이라고 명명했다.

인의예지는 『맹자』에서 비롯한다. "불쌍하고 안타깝게 여기는 마음[측은지심惻隱之心]은 인의 단서요, 부끄러워하고 미워하는 마음[수오지심羞惡之心]은 의의 단서요, 배려하고 사양하는 마음[사양지심辭讓之心]은 예의 단서요, 옳고 그름을 가리는 마음[시비지심是非之心]은 지의 단서이다."(『맹자』) '단서'는 실마리다. 이 네 가지 마음을 실마리로 삼아 미루어보면, 우리의 내면에는 이미 지극히 선한 마음의 씨앗인 인의예지가 있음을 알 수 있다. 이 때문에 다른 사람의 처지나 사연에 공감하고, 사람답지 못한 일을 보게 되면 자기의 일처럼 안타까워하고 분노하기도 한다.

어느 날 제나라 선왕宣王이 당상에 앉아서 쉬고 있었는데, 어떤 사람이 흔종釁鐘 의식에 사용할 소를 끌고 임금 앞을 지나갔다. 흔종은 큰 종에 소의 피를 바르는 국가의식으로, 제사를 위해 키운 귀한 소를 제물로 쓴다. 그런데 벌벌 떨면서 끌려가는 소를 본 선왕은 소를 놓아주라고 말했다. 죽음을 예견하고 두려워하며 떨면서 도축장으로 끌려가는 소를 차마 볼 수 없다는 것이다. 왕은 소 대신 양으로 바꾸어 흔종하도록 했다. 그 말을 들은 백성들은 왕을 비난했다. 소가 아까워 양으로 바꾸었다는 것이다. 왕의 입장에서는 소를 불쌍히 여긴 자신의 마음을 몰라주는 백성들이 야속하고 억울했다.

그 일에 대해 맹자는 왕이 소를 양으로 바꾼 것은 소가 아까워서가 아니라 불쌍했기 때문이라고 위로했다. 즉 불쌍한 소의 모습은 보았지만 양은 보지 못했기 때문이라는 것이다. 제선왕은 자신을 이해해주는 맹자가 고마웠다. 하지만 맹자는 곧 왕에게 반문한다. "지금 왕의 은혜가 금수에게까지 미쳤는데, 그 효과가 백성들에게 이르지 않은 것은 유독 무엇 때문입니까? 백성들이 지금 왕의 보호를 받지 못하는 것은 왕이 은혜를 베풀지 않았기 때문입니다."라고 말한다. 끌려가는 소는 불쌍해서 놓아주면서 굶주리고 흩어져 죽어가는 백성들은 왜 돌보지 않느냐는 질타였다.

맹자는 사람에게는 누구나 '남을 차마 해치지 못하는 마음'이 있다고 보았다. 왕이 눈앞에서 떠는 소를 불쌍하게 여긴 마음이 그것이다. 그러한 마음으로 백성들을 대한다면, 어떻게 굶주리고 얼어 죽는 백성들의 고통을 외면할 수 있을까? 백성들을 피붙이처럼 여긴다면, 그들의 어려움을 안타까워하고 그들을 즐겁고 행복하게 하려고 애쓸 것이다. 맹자는 문왕의 정치 사례를 들어 인정仁政을 설명하였다. "늙어서 아내가 없는 것을 홀아비[환鰥]라고 하고, 늙어서 남편이 없는 것을 홀어미[과寡]라고 하며, 늙어서 자식이 없는 것을 무의탁자[독獨]라고 하고, 어려서 부모가 없는 것을 고아[고孤]라고 한다. 이 네 가지는 천하의 곤궁한 백성으로서 하소연할 곳이 없는 자들이다. 문왕은 정사를 펴고 인을 베풀되 반드시 이 네 종류의 사람들을 먼저 하였다."(『맹자』)

육체로만 보면 사람은 개별적이고 독립적인 존재들이다. 하지만 태아와 엄마가 탯줄로 연결되어 하나의 몸인 것처럼 사람은 '인'으로써 유기적으로 연결되어 있다. 이 때문에 성학에 뜻을 둔 자는 인을 실천하여 사람다움을 완성하는 것을 삶의 목적으로 삼는다.

자연스럽게 드러나는 신뢰와 사랑을 점차 천하까지 확대하는 인의 실현, 그것이 정치다. 이 때문에 공자는 정치 현장에 나가 정치하는 것만을 정치라고 하지 않았다. 가족 사이에서 친애하고 우애하는 것, 그것이 정치의 출발이며 이를 통해 현실정치를 올바르게 실현할 수 있다고 믿었다.

어떤 사람이 공자에게 물었다. "그대는 어찌하여 정치를 하지 않습니까?" 공자가 대답했다. "『서경』에서 효를 말하면서 '효도하며 형제간에 우애하여 정치에 베푼다.'라고 하였으니, 이 또한 정치하는 것이다. 어찌하여 벼슬에 나가는 것만이 정치겠는가?"

或謂孔子曰 "子奚不爲政?" 子曰 "書云 孝乎, '惟孝, 友于兄弟, 施於有政.' 是亦爲政. 奚其爲爲政."(『논어』「위정」)

이처럼 정치는 천륜에서 드러나는 자애로움[자慈]이나 효성스러운 마음[효孝], 우애하는 마음[제弟]을 매 순간 확립하고 실천하는 것에서 출발하여 천하로 확대하는 것일 뿐이다. 『대학』에서 "군자는 집을 나가지 않고도 나라에 가르침을 이룬다."고 한 것 역시 어진 마음을 확대할 때 올바른 정치를 할 수 있다고 본 것이다.

그래서 동아시아에서는 영토와 국민, 주권을 지닌 사회조직에 가족의 개념을 포함하여, 나라 안에 존재하는 모든 사람들이 가족처럼 신뢰와 사랑에 기초하여 조화롭게 사는 곳이라는 의미에서 '국가國家'라고 하였다. 이것은 영어에서 지리나 영토적 입장에서 'country', 민족과 국민의 관점에서 'nation', 정치와 정권의 측면에서 'state'라고 일컫는 것과 크게 다르다.

그래서 유학에서는 정치 지도자를 두고 '백성의 부모[민지부모民之父母]'라고 했다. 맹자는 '부모 같은' 임금을 두고 다음과 같이 말했다. "임금이 사냥을 나가면 백성이 임금의 수레와 말의 소리를 들으면서 깃발의 아름다움을 보고 다 흔쾌히 기쁜 빛을 띠며 서로 말한다. '우리 임금님이 질병이 없으신가 보다. 그렇지 않으면 어떻게 사냥을 나갈 수 있겠는가.' 이는 다름이 아니라 임금이 백성과 더불어 한 가지로 즐거워했기 때문이다."(『맹자』) 임금이 즐거움과 슬픔을 백성과 함께한다면 백성들 역시 임금과 함께한다. 임금이 영대를 만들 때도 자식이 부모의 일을 돕는 것처럼 자발적으로 와서 돕는다. 먹을 것이 있으면 다 같이 먹고, 좋은 것이 있으면 함께 즐기는 것은 평소 백성들과 함께 하나의 마음으로 즐겼기[여민동락與民同樂] 때문에 가능한 일이다. 그럴 때 공자가 꿈꾸었던 세상을 이룰 수 있다. 바로 "노인들이 편안하게 노년의 삶을 즐기고, 벗들이 신뢰하

여 더불어 생활하며, 미래의 주역인 젊은이들을 품어주어 자신의
삶을 사랑하는 세상"(『논어』)이 그것이다.

2. 덕으로 세상을 지휘하다

1) 덕으로 이끄는 정치

금성옥진金聲玉振. 맹자는 공자의 삶이 오케스트라의 음악처럼 조
화롭고 아름답다고 찬탄했다. 금속 악기의 소리로 시작하여 옥으
로 만든 악기의 소리로 끝날 때까지 여러 악기가 조화를 이루어 연
주하는 것처럼 공자의 삶도 그러했다. 떠나야 할 때는 떠나고 머물
러야 할 때는 머물렀으며, 벼슬해야 할 때는 벼슬을 하고 숨어야 할
때는 숨는 등 주어진 상황에 적절하게[시중時中] 행동하였다. 이것이
맹자가 공자의 삶을 조화롭고 완전한 음악에 비유하여 집대성集大
成이라고 높였던 이유이다.

정치도 오케스트라처럼 세상과 조화를 이루어야 한다. 모든 존
재가 조화를 이루며 공존하는 이상적인 세상을 만드는 정치를 '덕
치'라고 한다. 공자는 "정치는 덕으로 이끌어야 한다[위정이덕爲政以
德]."(『논어』)라고 말한다. 덕은 내면에 내재한 인의예지가 그대로 드
러나는 것이다. 임금이 자신을 수양하여 덕으로 다스리면 백성들은
진심으로 따른다. 위정자가 솔선수범하여 모범을 보이면 백성들도
맡은 일을 제대로 처리하여 국가는 저절로 운영된다. 마치 북극성

은 중심에 있고 수많은 별이 그 주위를 운행하는 것과 같다.

덕으로 다스리는 것은 임금 혼자만 덕이 있다고 완성되는 것은 아니다. 덕치는 위정자뿐만 아니라 백성들 역시 내면의 도덕에 따라 자율적으로 행동하는 신뢰사회가 구축되어야 가능하다. 그래서 공자는 말한다.

법률로 인도하고 형벌로 가지런히 하면 백성이 면하려고만 하고 부끄러워하지 않는다. 덕으로 인도하고 예로 가지런히 하면 부끄러워하고 또한 선에 이를 것이다.

道之以政, 齊之以刑, 民免而無恥. 道之以德, 齊之以禮, 有恥且格.(『논어』 「위정」)

제도와 법으로 다스리는 나라의 사람들은 그 제도와 법의 허점을 이용해 교묘하게 법망을 피하려고 한다. 법에 저촉되지 않으면 부정한 행위를 하고도 전혀 부끄러움이 없다. 걸리면 재수 없고, 성공하면 운수대통이다. 공자의 진단은 놀랍게도 현대사회에도 여전히 유효하다.

공자는 판단할 때 주관을 배제해야 한다고 하지 않았다. "여러 사람이 미워하더라도 반드시 내가 직접 살펴야 하고, 여러 사람이 좋아하더라도 반드시 내가 직접 살펴야 한다."(『논어』) 모든 판단을 다수결로 한다고 해서, 사사로운 마음에 따라 좋아하고 미워하는 것조차 다수의 의견을 따를 수는 없다. 민심을 읽되 그것이 바르고 공정한 마음인지 치우치고 편협한 사사로운 마음인지 확인해야 한다.

본심에 의한 판단은 주관적 잣대인 것 같지만 누구나 동의하는 객관적 법칙과 통한다. 그래서 비록 대중의 뜻을 거스를지라도, 맑은 마음에 비추어 옳다면 그것은 의롭다. 과감히 실행해야 한다.

덕으로 이끈다는 것은 행동을 바로잡는 기준이 밖에 있지 않고, 내면의 자율적 기준인 의로움에 있음을 의미한다. 혹자는 덕치가 도덕적 자율에 의지하다 보니 강제성이 없다고 지적한다. 하지만 관계를 완성하는 '예禮'는 법과 달리 강제성과 구속력의 기준이 자신 안에 있는 맑은 마음에 있다. 예를 들어 가족이 귀가하거나 손님이 찾아오면 문 앞까지 나가 맞이하고, 식사할 때도 모두 앉은 후 함께 식사한다. 또 웃어른께 존댓말을 쓰고, 동료들과 반갑게 인사를 나누는 이러한 행동은 처벌이 두려워서가 아니라 마음이 드러나는 것이다.

예절의 '절節'은 대나무 마디를 상징한다. 대나무는 키를 높이며 거센 비바람을 견뎌내기 위해 적절한 위치에서 마디를 만들며 성장한다. 이처럼 예도 매 순간 각각의 상황 속에서 조화로운 관계를 위한 행위방식으로 늘 새롭게 제정된다. 예는 이렇게 자율적으로 따뜻한 사회문화를 형성하는 힘을 지닌다.

덕치와 예치는 내면의 자율과 자발성에 의해 이상을 이루고자 하는 유효한 시스템이다. 복잡하고 거대한 첨단사회에서 법과 제도가 주는 한계를 보완한다는 점에서 우리 사회와 정치의 새로운 미래가 될 수 있다.

2) 바르고 의롭게

노년의 공자에게 계강자가 정치의 도를 물었다. 공자는 '정치는 바르게 하는 것'(『논어』)이라고 말한다. 대부인 계강자는 당시 노나라의 실권자였다. 그는 이욕에 빠져 제후의 일을 넘보고 분수에 맞지 않게 정사를 논했다. 공자는 그것이 잘못임을 깨닫게 하기 위해 '바르게 하는 것이 정치'라는 직언을 한 것이다.

이러한 공자의 정치관은 일찍이 확고하였다. 공자의 젊은 시절 계손씨의 한 사람인 계평자가 자신의 뜨락에서 천자만이 거행할 수 있는 '팔일무八佾舞'를 추도록 했다. 당시의 예법으로는 대부인 계평자는 사일무를 행해야 하지만, 노나라는 환공의 후손인 삼환三桓이 실권을 장악하여 전횡했기에 그들은 예법에 어긋난 행동을 거리낌 없이 행하였다. 공자는 "그 지위에 있지 않으면 그 자리에서 처리해야 할 일을 도모해서는 안 된다."(『논어』)라고 하였다. 제자리와 자기 분수를 알고 자신의 자리에 맞는 일을 자각하고 실천하는 것, 그것이 바름이다.

또 제나라에 간 공자에게 경공이 정치에 대해 묻자, 이름을 바르게 해야 한다고 대답한다.

임금이 임금답고, 신하가 신하다우며, 아버지가 아버지답고, 자식이 자식다워야 합니다.

君君, 臣臣, 父父, 子子.(『논어』「안연」)

당시 경공은 세금을 무겁게 부과하고 형벌을 가혹하게 하였으며 아첨하는 간신배를 곁에 두었다. 당연히 정사政事가 혼란스러웠다. 또 장자를 내치고 서자를 태자로 세워 집안의 질서도 어지러웠다. '군군君君'은 임금이 임금다운 도리를 다하는 것이다. '신신부부자자臣臣父父子子' 역시 각자의 위치에서 자기의 도리에 충실한 것을 이른다. 공자는 경공에게 군신관계와 부자관계를 바로잡아 이름을 바르게 하는 '정명正名'이 정치의 핵심이라고 강조하였다.

정명正名은 각자의 자율을 존중하면서 관계 속의 조화를 도모할 때 완성된다. 무반주로 노래하는 아카펠라 그룹이 각각의 음색으로 섬세한 소리를 내면서도 전체가 모여 조화로운 하모니를 연출하는 것과 같다. '다름'을 전제하여 '조화'를 완성하는 관계 중심적 문화의 이상은, 각자의 위치에서 명분과 실질이 부합하는 데에 있다. 그렇지 않으면 모든 질서는 어그러진다. 공자는 이름이 바르지 않으면 그 사회는 혼란스러워진다고 보았다.

이름이 바르지 못하면 말이 순조롭지 못하고, 말이 순조롭지 못하면 일이 이루어지지 못한다. 일이 이루어지지 못하면 예악이 일어나지 못하고, 예악이 일어나지 못하면 형벌이 알맞게 적용되지 못하며, 형벌이 알맞게 적용되지 못하면 백성들이 손발을 둘 곳이 없다.

名不正則言不順, 言不順則事不成. 事不成則禮樂不興, 禮樂不興則刑罰不中, 刑罰不中則民無所措手足.(『논어』「자로」)

이름은 각 주체의 역할에 주어진 명칭이다. 이 때문에 이름에는 걸맞은 능력과 행동, 책임이 따른다. 임금이나 신하 등 사회적 이름뿐 아니라 부모와 자식 등 가정의 이름도 그렇다. 만일 역량이 부족하거나 이름에 맞는 책임감이 없다면 신뢰할 수 없어서 명령해도 일이 이루어지지 않으며, 사회의 질서와 조화가 깨지고 형벌도 알맞게 적용할 수 없는 혼란한 사회가 된다. 이것이 공자가 이름을 바르게 하는 것을 정치라고 한 이유이다. 구성원이 이름다운 것, 평화롭고 안정된 신뢰사회의 출발이다.

드넓은 대지, 연초록빛으로 펼쳐진 보리밭 사이로 바람이 불어오면 보리는 바람이 부는 방향으로 몸을 눕힌다. 공자는 임금과 백성의 관계를 이러한 바람과 풀로 비유했다. 『대학』에서도 요임금과 순임금이 천하를 다스릴 때, 인으로 이끌자 백성들도 감동하여 닮아갔다고 했다. 그에 반해 걸桀과 주紂가 세상을 포악함으로 다스리니 백성들도 포악하게 되었다고 했다. 조직의 리더가 어떤 사람이냐에 따라 구성원들의 생활도 쉽게 바뀐다. 따라서 리더가 덕성을 갖추는 일은 무엇보다 중요하다. 리더가 자신을 수양하여 모든 사람의 모범이 될 때 왕도정치가 시작된다.

위정자에게는 어떤 사람과 함께 일을 하는가, 곧 인재를 발굴하는 일도 중요하다. 인재는 자신의 정책을 보좌하여 인정을 실현하는 핵심이다. 『서경』에서는 요임금의 사례를 들어 인재 등용의 올바른 모델을 제시한다. 평화로운 이상사회를 이룬 요임금은 후계자를 가리기 위해 신하들의 조언을 구하였다. 요임금의 맏아들인 단주를 추천하는 자도 있었으나, 그는 신분에 상관 없이 인재를 구하여 순舜을 발탁하였다. 요임금은 순에게 교육과 행정, 외교를 맡겨서 능력을 시험했고, 산에 들여보내 예기치 못한 상황에서의 위기 관리 능력도 시험하였다. 여러 해에 걸쳐 그의 능력을 확인한 후 천하를 선양禪讓하였으며, 순도 요임금의 치세를 이어 훌륭한 정치를 실현하였다. 통치는 사람의 일이다. 이처럼 올바른 인재를 등용하는 것은 무엇보다 중요하다.

그렇다면 올바른 인재를 등용하는 구체적인 기준은 무엇일까? 노년의 공자에게 통치자인 애공이 백성들이 자신을 잘 따르는 방법을 물었다. 공자는 인재 발굴이 정치의 요체임을 강조했다. "바른 사람을 등용하고 굽은 사람을 버려두면 백성들이 복종합니다. 하지만 굽은 사람을 쓰고 정직한 사람을 버려두면 백성들이 복종하지 않습니다."(『논어』) 곧고 바른 사람을 등용하면, 자기 이익을 위해 간사한 꾀를 쓰는 자들은 멀어지기 마련이다. 그러면 자연스럽게 백성들이 신뢰하고 따르는 사회가 된다. 이것이 다스려지는 세상이다.

임금 스스로 본래의 마음을 확립하면 등용할 사람의 말과 행동이 옳은지 그른지 판단할 수 있다. 그러나 맑은 마음을 지녔더라도 주변의 추천과 비난의 말을 판단하지 못하면 역시 현자 등용은 실패한다. 그래서 위정자는 사람을 알아보는 눈[지인知人], 사람을 쓸 수 있는 능력[용인用人], 사람을 사랑하고 아끼는 마음[애인愛人]을 두루 갖추어야 한다. 그렇게 해야만 좋은 사람을 얻을 수 있다[득인得人]. 맹자는 현자를 선발할 때 유의해야 할 점을 다음과 같이 언급하고 있다. "좌우 측근들이 현자라 추천해도 부족하고, 여러 관장이 현자라 추천해도 불충분하다. 나라 사람들이 모두 현자라고 한 뒤에, 그 추천된 사람을 임금 자신이 직접 확인하고 써야 한다."(『맹자』)

이익을 위해 남을 해코지 하는 능력이 탁월한 자는 솜이 물을 빨아들이듯 모함하여 상대를 조금씩 곤궁에 빠뜨린다. 또 자신의 원통함을 하소연할 때는 다른 사람의 공감을 얻기 위해 듣는 이가 안쓰러울 정도로 말이 절절하다. 공자는 이러한 교묘한 술수에 넘어가지 않고, 간사한 자와 정직한 자를 구별할 줄 알아야 비로소 현명하다고 인정했다.(『논어』)

임금과 신하, 지도자와 백성의 관계는 일방적으로 권위적이거나 수직적인 관계가 아니다. 각자 자기 자리에서 맡은 바 일을 충실히 하면서, 내면의 의로움에 따라 긴장을 유지하는 관계이다. 그럼으로써 서로를 다잡아주는 상보성이 그 관계의 본질이다. 어진 정치의 실현을 위해서는 명분을 바로 잡는 정명이 핵심이기 때문이다.

3. 경제와 교육의 이중주

1) 항산 속에 싹트는 항심

예나 지금이나 먹고사는 문제는 늘 중요하다. 공자가 위나라에 갔을 때 염유와 주고받은 대화는 민생이 얼마나 중요한지 보여준다. 당시 위나라에는 백성들이 많았는데, 그 모습을 본 공자가 수레를 모는 염유에게 백성들이 많다고 하였다. 그러자 염유는 위정자라면 무엇을 더해야 하는지 물었다. 공자는 "부유하게 해야 한다."(『논어』)고 답하였다.

자식을 낳는 것만으로 부모 역할을 다한 것이 아닌 것처럼, 백성들이 많다고 해서 위정자가 책무를 다한 것은 아니다. 위정자는 민생문제를 해결하여 백성들을 안정시키는 것으로 핵심 정책을 삼아야 한다.

민생의 중요성은 맹자도 언급하였다. 맹자는 위정자들이 백성들에게 일정한 생업을 제공하지도 않으면서 백성들이 어쩔 수 없이 저지르는 생계형 범죄를 형벌로 다스리는 세태에 목소리를 높인다. "선비는 일정한 생업[항산恒産]이 없어도 떳떳한 마음[항심恒心]을 지닐 수 있다. 이에 반해 일반 백성들은 일정한 생업이 없으면 떳떳한 마음을 가질 수 없다. 그 결과 방탕하고 편벽되며 간사하고 사치한 행위를 그치지 않아 온갖 범죄를 양산하는 혼란한 사회가 된다. 이때 그들을 처벌한다면 이는 백성들을 그물질하여 잡아들이는 것과 같다."(『맹자』)

일정한 생업이란 백성들이 먹고 살 수 있는 근거요, 정당하고 안정된 삶을 영위할 수 있는 조건이다. 생업이 보장될 때 백성들은 부끄럼 없는 떳떳한 마음을 지닐 수 있다. 만일 가족들이 굶주리거나 흩어진다면 그러한 마음을 바랄 수 없다. 이 때문에 백성의 항산을 보장하는 것은 위정자의 의무이다.

대부분 사람들은 먹고사는 문제가 해결되지 않으면 사람다움의 씨앗인 항심을 망각한다. 그로 인해 수단과 방법을 가리지 않고 자신의 생존만을 위해 삶을 허비하기 쉽다. 설령 생존의 문제가 해결되더라도 주변의 부족한 사람을 둘러보지 못하고 더 많은 것을 취하려고만 하여 도덕적 죄책감을 전혀 느끼지 못한다.

항산의 보장은 생산력 증대만을 의미하지 않는다. 공자는 분배가 고르지 않는 사회를 경계했다.

> 적음을 근심하지 말고 고르지 않음을 근심하라.
> 不患寡而患不均.(『논어』「계씨」)

공자는 나라를 소유한 자는 적음이 문제가 아니라 고르지 않음이 문제이고, 가난이 문제가 아니라 안정되지 않음이 문제라고 보았다. 고르면 가난이 없고, 조화로우면 적음이 없으며, 나라가 안정되면 기울어짐이 없다는 것이다. 이익을 고르게 분배하는 것을 '균분均分'이라고 한다. 균분은 일률적으로 똑같이 배분하는 것이 아니다. 나와 공동체가 조화롭게 공생할 수 있도록, 모든 상황을 고려하여 상황에 맞게 분배하는 시중時中적 분배를 의미한다. 저울로 비유하면, 천칭이 아니라 지렛대 저울이다. 천칭은 중심축이 고정되어 양쪽의 무게가 같아야 수평을 이룬다. 반면 지렛대 저울은 중심축이 자유자재로 움직이며 균형을 이룬다.

타자와의 관계를 고려하여 상생하고 공생할 때, 한 사람이 독점하거나 치우쳐서 불균등한 사회구조를 해결할 수 있다. 『대학』에서는 지위와 위치에 따라 해서는 안 될 일을 설명하고 있다. "대부의 집에서는 닭과 돼지를 길러서는 안 되니 백성의 이익을 침해하기 때문이다. 상사喪事와 제사에 얼음을 쓰는 집은 소와 양을 기르지 않으며, 수레 백승百乘을 소유한 제후의 집에서는 세금을 관리하는 신하를 두지 않는다. 세금 긁어모으는 신하를 두기보다는 차라리

창고의 재물을 도적질하는 신하를 두는 것이 낫다." 대부와 경, 제후는 대대로 물려받는 땅과 지위가 있는 집단이다. 이들이 대규모로 닭과 돼지, 소와 양을 기르면 한두 마리를 길러 먹고 사는 영세 농민들은 제값을 받지 못한다. 경쟁이 안 된다. 마치 오늘날 대기업의 골목상권 침해를 비판하고 있는 듯하다. 또 세금을 관리하는 신하를 두게 되면 백성들의 살림을 쥐어짠다. 차라리 집안의 물건을 훔치는 신하를 두는 것이 낫다. 재물은 다소 축날지언정 백성의 원망은 듣지 않기 때문이다. 권력과 경제력을 지닌 소수가 이익을 독점하면 다수의 약자가 피해를 입는다. 그들이 해야 할 일과 하지 말아야 하는 일에 제한을 두는 것은 균분의 정신으로 백성들과 함께 이익을 공유하기 위함이다.

2) 교육으로 완성되는 정치

풍요는 기본적인 의식주 문제뿐 아니라 욕망까지 해결해준다. 사람들은 만족하고 행복을 느낀다. 그러나 공자는 풍요로움에서 더 나아가야 한다고 말한다. 염유가 부유하게 한 다음 무엇을 더 해야 하는지 물었다. 공자는 "가르쳐야 한다."(『논어』)고 대답하였다. 사람이 어떤 존재인지, 사람다운 삶이 어떠한 것인지를 가르쳐야 한다는 것이다. 이처럼 공자는 먼저 민생문제를 해결했으면 다음은 가르쳐야 함을 강조했다. 공자는 교육을 통해 내면의 선한 덕성을 일깨울 때 진정한 존재가 된다고 보았기 때문이다. 맹자 역시 먼저 가족을 돌본 후 반드시 교육을 통해 백성들을 올바름으로 이끌어야 한다고 강조했다.

위정자는 먼저 백성들의 넉넉한 삶을 위해 애써야 한다. 하지만 경제만을 중시하고 내면의 덕성을 소홀히 하면 법령과 형벌로 다스리는 나라가 될 수밖에 없다. 공자가 지적했듯이 타율에만 의지하면 사람들은 그것을 피하려고만 할 뿐 부끄러움을 잃어버린다.

따라서 백성들의 넉넉한 삶이 의로워야 한다. 의로움은 강제할 수 있는 것이 아니다. 궁극적으로 덕성의 완성을 통해 모든 사람이 자발적으로 실천하도록 유도하는 것이다. 내면의 덕성을 일깨워 이익 추구와 도덕의 결합을 시도할 때 부유하면서도 사람다운 사람이 되는 세상을 꿈꿀 수 있다.

그렇다면 교육을 통해 추구하는 이익은 어떠한 이익인가? 공자는 이익을 추구하기에 앞서, 반드시 그것이 옳은지 그른지, 그 '정당한 방식[기도其道]'을 고려해야 한다고 강조한다. 정당한 방식은 의로움이다.

> 이익을 보면 의로운지를 생각하라.
> 見利思義.(『논어』「헌문」)
> 얻을 것을 보면 의로운지를 생각하라.
> 見得思義.(『논어』「계씨」)

사회나 공동체는 개인의 가치를 실현하는 삶의 무대이자, 덕을 완성하는 장이다. 그런데 그것을 파괴하고 자기 한 몸만 혹은 자기 가족만, 자신의 공동체만 중시하고 이익을 탐하면, 관계망이 끊어지고 이익이 편중되어 분배가 불공정해진다. 이것은 의로운 일이 아니다. 그러면 '의로운 이익'은 무엇인가? '의로운 이익'은 이익을 접하게 되면 타자와의 관계를 고려하여 서로 공생할 수 있는 올바른 기준인 '의'를 생각하는 것이다. 의는 나와 너, 나와 우리, 나와 공동체가 확연히 구분되더라도, 내면의 인을 바탕으로 조화롭게 공존할 수 있도록 적절하게 정의되는 도덕적 행위 기준이다. 그래서 공자는 이익 앞에 서면 먼저 의로운지 고민하고, 개인적으로 손해를 보더라도 더욱 큰 이익을 생각해야 한다고 말한다. 그것이 올바름이요 의다. 부귀 역시 모든 사람이 누리고 싶은 욕구다. 하지만 정당한 방식으로 얻은 것이 아니라면 취하지 않겠다고 한 말도 이런 맥락에서 나온다.

한국의 오래된 미래 교육

조선시대의 교육은 정치와 학문의 기본 이념인 유학사상을 중심으로 한 숭문崇文주의를 표방하였다. 조선은 개국 초부터 국가적으로 성균관과 사학·향교를 설립하였으며, 이를 통해 교육과 사기士氣의 배양에 주력하고 유교적 인재를 양성하였다. 이 인재들은 학문적 이상인격의 확립과 학문을 통한 수기치인을 목표로 삼았다. 조선시대의 교육기관은 중앙에 성균관과 사부학당, 지방에 향교가 있었으며 사학으로는 서원과 서당이 있었다.

성균관

조선의 국립 고등 교육기관인 성균관은 고구려 태학, 신라 국학, 고려 국자감과 성균관을 계승하여, 1398년 한양에 건물을 세우고 개성의 성균관을 이전하였다. 조선시대 성균관은 국학·태학·국자감·반궁泮宮 등의 명칭으로도 불렸다.

태조는 치인의 중심인 경복궁을 중앙에 건설하고, 국토와 경제의 상징인 사직을 오른쪽에 두었으며 국가의 정신과 윤리를 의미하는 종묘를 왼쪽에 두었다. 이와 함께 국가 인재 양성 요람인 성균관을 동북방에 건립하였다. 성균관은 주산인 와룡산 응봉의 기운을 반수가 양쪽에서 감싸 보호하는 형상으로 경복궁의 입지에 버금가는 한양 최고의 명당이었다. 한양 도성 동북방의 길한 곳은 주역 문왕팔 괘文王八卦 간괘艮卦의 위치로, '만물이 종결되고 다시 새롭게 시작되는 변화의 묘처'를 의미한다. 모든 것이 새롭게 시작하는 장소에 학교를 세워 국가의 기둥인 인재를 양성하고자 한 것이다. 성균관을 만인의 모범이 되는 최고 장소인 '수선지지首善之地'로 부르는 것도 이러한 이유에서다.

국가적 동량을 길러낸 조선 최고학부 성균관 강의실 현판에 '명륜당明倫堂'이라는 글자가 새겨져 있다. 명륜은 『맹자』의 "인륜을 밝힌다."(「등문공」)는 구절에서 따온 것으로, 배움의 목적을 드러낸 말이다. 곧 교육의 근본 목표는 지식의 탐구와 내면의 인성을 밝혀 지덕을 갖춘 인격체로 성장하여 세계와 공동체를 책임질 수 있는 인재 양성에 있다. 인간과 세계를 총체적으로 이해하여 그 세계 안에서 어떻게 살아야 하는지 알려주고, 이를 실천에 옮기도록 가르쳐 사람다운 역할을 할 수 있도록 부여해 주는 것이다.

조선시대 과거제도는 대과大科와 소과小科가 있었는데, 대과에 응시할 수 있는 사람은 소과인 생원과 진사에 합격한 자이다. 소과는

성균관成均館 명륜당明倫堂: 성균관의 교육기능을 수행하던 강학의 장소(출처: 성균관)

사부학당이나 향교의 유생을 대상으로 하는 시험으로, 생원과 합격자를 생원, 진사과 합격자를 진사라고 하였다. 초시初試에 합격한 생원과 진사는 성균관에 입학하여 일정한 과정을 마친 후 복시覆試에 응시한다. 선발한 합격자 중 갑과 3명 가운데 1등을 '장원급제壯元及第'라고 하였다. 학생정원은 조선 초에는 100명이었으며 그 뒤 150명에서 200명을 채울 수 있도록 했다. 다만 농사의 흉풍에 따라 감원과 충원이 좌우되었다.

명륜당 앞에는 학생들이 기숙사로 사용하였던 동재東齋와 서재西齋가 있는데, 이곳에서 유생들은 출신 지역, 신분, 당파, 학문 연원과 상관없이 청운을 꿈꾸며 함께 공부하고 우정을 다졌다. 1481년 유생들이 지은 시문집인 『동방록』과 정조 때 문신 윤기가 성균관

재학시절을 기록한 시집 『반중잡영』에서 당시 유생들의 학문에 대한 열의와 생활상을 엿볼 수 있다.

성균관에는 교육활동의 강학 구역인 명륜당 외에도 대성전을 중심으로 하는 제향기관의 문묘 구역도 있다. 대성전은 '위대한 학문을 완성한 공자의 집'이라는 뜻이다. 건물 내부의 중앙에는 위패가 있고 그 양옆으로 공자의 제자들과 한국과 중국의 유명한 유학자들의 위패가 놓여있다. 유학자들은 매달 2번씩 모여 공자와 선현들을 위한 공경의 예를 올리고 1년에 2번, 봄과 가을에 '석전釋奠'이라고 하는 큰제사를 올린다. 대성전을 중심으로 좌우에는 동무東廡와 서무西廡가 있는데 대성전에 들어가지 못한 유현의 위패를 모신 건물이다. 또한 대성전 앞에는 삼강목三綱目과 오륜목五倫木이라고 하는 두 그루의 나무가 있다. 이는 유교의 기본 윤리인 삼강과 오륜을 상징하는 나무이다.

지금은 그 터만 남고 사라졌지만, 옛 성균관에는 조금 특이한 건물이 있었는데, 1701년 건립한 계성사라는 사당이다. 아버지와 아들이 모두 공자의 제자인 사람들도 있었는데, 초기 성균관에서는 학덕에 따라 아버지와 아들의 제향 위치가 달라지는 경우도 있었다. 조선 후기 들어 자식이 아버지보다 위에 배향되는 것이 합당하지 않다고 판단하여, 공자를 비롯한 다섯 성현들의 아버지를 모시는 사당을 마련한 것이다.

향교

 향교는 인재양성의 중추기관으로 향촌교화와 지역활동의 근거지로 선도적 역할을 수행해 왔다. 조선은 군현제郡縣制와 과거제도를 실시하면서, 일읍일교一邑一校의 원칙에 따라 전국 360여 개의 향교를 설치하여, 인재교육을 실시하였다. 향교는 관학에 속하는 교육기관으로, 대과 응시 자격을 부여하는 소과小科 준비 교육기관이었다. 정부는 학전學田과 노비, 교과서 등을 지급하여 교육진흥을 추진하였다.

 향교는 성균관의 구조와 마찬가지로 대성전을 중심으로 하는 문묘구역과 명륜당을 중심으로 하는 강학구역으로 구분된다. 성균관을 따라 문묘가 앞에 있고 강학당이 뒤에 배치되는 전묘후학前廟後學과 강학당이 앞에 있고 문묘가 뒤에 배치되는 전학후묘前學後廟의 두 구조가 있다. 문묘에 모시는 신위의 수에 따라 대설위大設位, 중설위中設位, 소설위小設位 향교로 구분하여 위격位格을 달리하였다.

 대표적인 향교인 전주향교는 1354년 고려 공민왕 3년에 현 경기전 북편에 건립하였으나, 1401년 이전하였다가 1603년 지금의 자리로 재이전하였다. 홍살문을 지나 향교의 경내에 들어서면 '만화루萬化樓'가 보이는데, 이는 '만물을 교화한다'는 뜻이다. 본래 경치가 좋은 전주 천변에 있었는데, 1987년 대대적인 보수를 하면서 원래 '지경문持敬門'이 있던 현재의 자리에 이건하여 향교의 입구로 사용하고 있다. 성균관에서 계성사를 건립하자, 전주향교에서도 계성사를 설치하여 제사를 지내오고 있다.

1910년 경술국치庚戌國恥인 한일합병韓日合倂이 시작되자 일제는 민족의 정신을 말살하고 인재 배출의 통로를 막기 위해 향교의 교육기능을 말살하고, 문묘의 향사 기능만 남겨놓았다. 본래의 모습을 복원하는 것은 건물의 복원만을 의미하지 않는다. 교육의 목표와 내용, 방법을 현대의 실정에 맞게 재구성하여, 덕성함양이 기초가 된 전문성과 창의성을 겸비한 인재양성은 전국적인 학교교육의 실시로 인해 가능한 희망이다.

서원

한국 서원의 효시는 주세붕이 세운 풍기의 '백운동서원白雲洞書院'이다. 백운동서원이 사립학교의 기능과 역할을 수행하게 된 것은 퇴계 이황이 49세의 나이에 풍기 군수로 재직하면서부터이다. 퇴계는 편액과 서적, 학전을 하사할 것을 조정에 청원하였고, 나라로부터 '소수서원紹修書院'의 이름을 사액 받아 본격적으로 서원교육을 시행하였다.

퇴계는 50세에 은거의 뜻을 밝힌 시에서 교육에 대한 이상을 다음과 같이 서술하고 있다. "내 할 일은 저 높은 벼슬이 아니니, 조용히 시골 마을에서 살아가리라. 소원은 착한 사람 많이 만들어, 천하의 기강을 바로잡는 일이다."(『퇴계선생문집』) 그저 돈과 권력을 위한 과거시험의 병폐를 지적하며, '자기다움'을 찾고 완성하는 것이 교육의 목표가 되어야 한다고 본 것이다.

퇴계가 꿈꾸던 학교는 지금 도산서원의 큰 규모가 아니었다. 도산서원은 퇴계가 서거한 지 4년 뒤(1574), 퇴계의 학문과 덕행을 추모하기 위해 '도산서당' 뒤편에 창건되었다. 1575년 선조는 한석봉에게 '도산서원'의 이름을 쓰도록 하고, 서원을 사액하였다. 도산서원은 흥선대원군의 서원철폐 당시에 훼철되지 않고 존속된 47개 서원 가운데 하나이다.

퇴계의 서원 교육 참여는 시골에 은둔하여 유유자적한 삶을 살겠다는 의지를 표명한 것이 아니라, 선현을 존숭하고 도학을 밝혀 나라를 이끌어갈 참된 인재를 배양하겠다는 적극적 현실참여의 선언이었다. 퇴계의 서원교육은 미미한 실천인 것 같지만 영남 정신의 토대가 되었고, 수많은 제자와 의병, 항일지사를 배출하게 된 출발점이었다.

국학 교육기관인 성균관뿐만 아니라 지방 교육기관인 향교·서원은 학교 교육의 나아갈 방향을 제시하고 있다. 본래 교육의 목적은 돈이나 명예를 구하기 위함이 아니라, 나를 완성하고 나아가 사회를 의미 있게 변화시키는 데에 있다. 위기지학을 토대로 국가의 동량을 길러내어 적재적소에서 능력을 발휘하여 수기안인을 실현하는 것이 이상이었다. 국가의 위기가 있어도 교육이 꿋꿋하게 버틴다면 미래는 여전히 희망이 있다.

제3부

예禮

문화를 세우다

5장

예를 배우다

예를 알지 못하면 처신할 수 없다

不知禮, 無以立也 －『논어』「요왈」

1. 예, 삶의 질서

1) 예가 사람을 구속한다고?

한국을 포함한 동아시아에서 '무례하다'는 말은 경멸을 의미한다. 예의가 없다는 말은 지위나 학식의 높고 낮음 이전에 사람다움의 기초가 잘못되었다는 사회적 판결이다. 그 결과 무례한 태도 때문에 인간관계와 사회생활에 나쁜 영향을 미친다. 무지無知는 채워나갈 수 있지만 무례無禮로 인한 관계 회복은 힘들다. 예는 사회생활에서 지켜야 할 규범형식을 총칭하기 때문이다.

그러나 개인의 다양한 가치를 추구하는 현대사회에서 예는 자칫 고리타분하고 갑갑하게 느껴질 수 있다. 예를 속박과 형식이라고 여기는 분위기 탓이다. 인사는 관계의 시작이고 줄서기는 기본 질서임을 몰라서가 아니다. 해도 좋고 안 해도 문제되지 않는 사회 분위기 속에서 자발적으로 마음먹고 행동하기 쉽지 않다. 그렇다고 예 없이 살 수 있을까? 이미 우리가 사회적 관계망 속에 놓여 있다는 것은 예가 전제되어 있다는 의미 아닌가.

예는 자기 변화를 위한 도덕 실천의 출발점이다. 그 중심에는 예를 배우지 않으면 사람다울 수 없다는 공자의 가르침이 자리 잡고 있다. 그 때문에 유학에서는 예의 실천으로 사람됨의 기본과 사람다움의 품위를 갖출 수 있다고 강조한다.

어원을 살펴볼 때 예는 신들에 대한 제사에서 기원한다. 예禮자는 보일 시示와 풍성할 풍豊이 결합된 형성문자이다. 음식을 풍성하게 차려놓고 조상에게 제사를 지낸다는 뜻이다. 시示는 신神의 오른쪽을 생략한 글자이다. 하늘로부터 한 줄기 빛이 쏟아져 내려오는 신성한 이미지로서 신을 형상한다. 풍豊 아래의 두豆는 제사지낼 때 사용하는 제기를 상징한다. 그 위의 곡曲은 그릇에 담긴 제물을 뜻한다. 이렇게 예자의 본래 의미는 제기에 제물을 담아 신에게 바치는 공경스러운 마음의 표현이다.

예의 핵심은 '공경하지 않음이 없는 것[무불경無不敬]'(『예기』)이다. 시인의 순수한 마음을 '사특한 생각이 없다[사무사思無邪].'(『논어』)라고 한 것과 맥락이 같다. 신에게 바치는 제물은 단순한 제물이 아니다. 진정한 마음에서 우러나오는 공경심의 표현이다. 이러한 예의 의미는 사회가 복잡해짐에 따라 점차 확대된다. 윤리적 의례, 사회적 규범, 정치적 법제 등 계층 질서를 차등화하는 사회질서를 뜻하게 된다. 『중용』은 예가 생겨난 이유를 다음과 같이 해석한다.

혈연의 정도 차이에 따른 단계적 구분과 현명한 이를 차례대로 높이는 등급에서 예는 생겨난다.

親親之殺, 尊賢之等, 禮所生也.

즉 예는 혈연에 기초한 피붙이 사회든 낯선 도시 사람들이든 올바른 관계와 질서가 가능하도록 하는 핵심적인 준칙이다. 그런데 오늘날 우리 사회의 주된 가족 형태는 부부와 자녀로 이루어진 핵가족 형태이다. 그러다 보니 친족들의 모임에서 상대방과의 관계와 그 호칭을 몰라 당황스러운 경우가 많다.

과거 혈연에 기초하여 친족관계를 범주화시킨 예법제도는 자신과의 관계에 따라 촌수를 정하고, 이를 상복제도에도 적용시켰다. 또한 관직의 품계나 역할에 따른 사회관계의 등급도 예법에 따라 엄격하게 체계화시켰다. 그 결과물이 『주례』·『의례』·『예기』이다. 『주례』는 국가 의례를 비롯한 사회제도 일반을 다섯 분야로 구분하고 있다. 『의례』는 관례·혼례·향음주례·향사례 등 행위규범을 체계화했다. 『예기』는 일상에 필요한 규범과 가치를 담고 있다.

이뿐만이 아니다. 국가질서의 근간이기도 한 예는 일상의 인간관계에서 말과 몸동작, 의복과 음식 등 다양한 측면을 아우르고 있다. 우리에게 아직은 익숙한 일생의 통과의례인 관·혼·상·제의 규범 역시 주자가 편찬한 『가례』에 기본을 두고 시대적 변용을 거쳐 왔다. 예는 시대에 따라 달라지는 예가 있는가 하면 시대가 바뀌어도 변하지 않는 예가 있다. 의복이나 음식, 언어 등 표면적인 예는 시대를 반영하여 변화하는 반면, 공경하는 마음을 드러내는 예는 시대가 달라져도 변하지 않아야 한다.

공자는 인의 실현을 위해 예를 강조했고, 맹자는 인의와 더불어 인간 본성의 하나로 규정했다. 특히 순자는 예를 가장 중시했다. 그는 예의 기원을 사회질서를 위한 성인의 가르침이라고 파악한다. 순자는 사람에게는 타고난 욕구와 욕망이 있지만 재화는 한정적이라고 보았다. 사람들은 싸워서라도 원하는 것을 손에 넣으려 한다. 그 결과 사회는 혼란하고 각박해진다. 이 때문에 선왕이 예의를 제정해서 각자의 직분을 설정하고, 인간의 욕망을 조절하여 사회의 안정을 도모하고자 한 것이다. 즉 선왕이 제정한 예법은 욕망의 충돌을 막아서 사회질서를 유지하려는 수단이다.

유가의 특징인 예는 당시 묵가나 법가의 비판 대상이기도 했다. 특히 겸애兼愛와 근검, 노동을 강조한 묵가는 장기간 상복을 입는 유가의 상례를 죽은 사람을 위해 산 사람을 해치는 번잡한 풍습이라고 비판했다. 20세기 초 루쉰 역시 『광인일기』에서 유학을 '사람 잡아먹는 예교주의'라고 공격했다. 이는 후대에 예의 정신이 사라지고 형식만 남은 껍데기, 허례에 대한 비판이다.

2) 사회관계의 내비게이션

공자는 예로써 자신을 확립할 것을 강조했다. 예를 배우지 못하면 인간관계에서 자신을 제대로 세울 수 없기 때문이다. 그 때문에 유가의 예 형식은 때로 지나치다 싶을 정도로 구체적이고 복잡하다. 하지만 그러한 형식이 때로는 우리 삶을 편안하게 해주기도 한다. 공적인 자리에서 상석을 어디에 배치할지, 존중해야 할 상대 앞에서 손을 어떻게 하고 시선은 어디에 두어야 할지 난감하다. 배우지 않으면 모르고, 모르면 실수한다. 상황에 맞는 예의 형식이 필요한 이유가 여기에 있다. "예가 없으면 안내자 없는 장님이요, 촛불 없는 캄캄한 방과 같다. 우리의 손과 발, 귀와 눈을 어디에도 둘 수 없다."(『예기』) 참 적절한 비유다. 예는 이렇게 어색한 상황을 자연스럽게 해 준다. 예는 낯선 관계 속에서 품위를 유지하는 방법을 제시한다. 그러므로 예가 없으면 사회적 동물로서 지켜야 할 사람다움 또한 기대하기 어려워진다.

『논어』「향당」편에는 일상에서 예를 행하는 공자의 모습을 기록하고 있다. 성인으로 추앙받는 공자의 일상은 의외로 단순하기까지 하다. 관료로서 공사公私의 구분이 뚜렷했던 공자였기에 궁궐 문을 들어갈 때는 무거운 것을 등에 진 것처럼 몸을 약간 굽혔다. 함부로 문 가운데에 서거나 문지방을 밟지 않을 정도로 조심했다. 메모장을 겸한 규圭의 무게를 이기지 못하는 듯했고, 국빈을 접대하는 자리에서는 평소와 다른 낯빛으로 신중함을 더했다. 가지런한 옷자락은 한 점 흐트러짐이 없었다. 공식 행사를 마무리할 때는 잊지 않고 반드시 그 최종 결과를 보고했다. 활쏘기를 할 때면 오르는 순간부터 내려오기까지 모든 동작을 예로써 행했다.

의복도 예를 갖추어 입었다. 계절에 따른 다양한 옷뿐만 아니라 매일 입는 잠옷마저도 따로 갖추었다. 또한 제사지낼 때는 반드시 목욕하고 청결한 상태에서 깨끗한 옷으로 갈아입었다. 신과 만나는 자리이기에 삼가고 정결한 모습으로 공경을 다했던 것이다. 게다가 다홍색이나 자주색 등 공적인 자리나 제사지낼 때 입는 옷과 같은 색깔로는 평상복을 만들지 않았다. 죽은 이를 보내고 그 가족의 슬픔을 위로하는 조문에서는 특별히 신경을 썼다.

공자는 위생에도 많은 신경을 썼다. 상하거나 냄새나는 생선은 먹지 않았다. 시장에서 사온 술과 포脯는 함부로 먹지 않을 정도로 자기 관리에 철저했다. 심지어 반듯하게 자르지 않은 음식은 먹지 않을 정도였다. 하지만 술은 관용적인 태도를 보였다. 지나침을 경계한 것은 물론이다.

오직 술에는 제한을 두지 않았으나 어지러울 정도에 이르지 않았다.

惟酒無量, 不及亂.(『논어』「향당」)

술 때문에 곤란한 경우를 당한 적이 없었다는 것이다. 술은 울적하거나 슬플 때도 마신다. 하지만 술은 대부분 함께 모여 기쁨을 나누는 합환合歡의 수단이기도 하다. 문제는 체질에 따라 마실 수 있는 양이 다르기 때문에 제한을 두지 않았다. 그와 함께 술기운을 누르는 안주按酒를 먹음으로써 적절한 취기를 두었다. 흥을 느낄 만큼 취할 뿐 한도를 넘지 않기 위해서다. 이러한 태도는 『예기』에서 말하는 주도酒道와도 통한다. 주인과 손님이 술 한 잔을 올리고 몇 번이나 절함으로써 종일토록 마셔도 취하지 않았다고 한다.

당시 음주 문화는 사회 교화의 한 수단이기도 했다. 공자는 고향에서 사람들과 술을 마실 때 지팡이를 짚은 노인이 나가면 뒤따라 나갔다. 술자리에서 연장자가 일어나기 전 몸을 일으키지 않는 것은 어른에 대한 공경을 의미한다. 또 윗사람이 술을 따라 주면 두 손으로 공손히 받고, 몸을 살짝 돌려서 마시는 것도 같은 의미이다. 한국에서 이러한 모습은 오늘날까지 이어지고 있는데, 그 문화적 뿌리가 여기에 있다. 이처럼 음주와 관련한 전통적인 주도로 향음주례鄕飮酒禮가 있었다. 이는 학덕과 연륜이 높은 분을 모시고 예법을 배우는 실습의 현장이다. 절제와 겸양의 미덕이 향음주례의 바탕이라 할 수 있다. 어른을 존중하고 모시는 효도와 공손의 도리를 자연스럽게 익힘으로써 안정된 사회질서를 도모했던 것이다. 술이 일정한 한도를 넘어서면 저절로 새도록 만든 '계영배'라는 술잔 역

시 지나친 음주에 대한 경계라
할 수 있다.

한편 정치에서도 공자는 법치
보다 예치를 강조했다. 이는 춘
추시대에 만연한 사회질서의 붕
괴 원인을 예의 상실로 보았기
때문이다. 당시 노나라의 실질
적 권력자인 계씨는 신분이 대

계영배戒盈杯: 과음을 경계하기 위한 잔.
술이 일정 이상 차면 모두 새나간다.
(출처: e뮤지엄, 국립중앙박물관)

부였다. 그런데도 자신의 집에서 천자를 상징하는 팔일무八佾舞를
추게 했다. 팔일무는 가로 8줄, 세로 8줄로 64명의 무용수가 문文과
무武를 상징하는 악기를 들고 추는 춤이다. 일무는 신분계급이 내
려갈수록 춤추는 무용수의 수가 줄어든다. 제후는 가로 6줄, 세로

팔일무八佾舞: 나라의 큰 제사 때 천자만이 행했던 춤.

6줄인 육일무六佾舞를, 대부는 가로 4줄, 세로 4줄인 사일무四佾舞를 추어야 한다. 하지만 계씨는 대부임에도 거리낌이 없었다. 팔일무로 자신의 막강한 지위와 권력을 드러낸 것이다. 공자는 대부가 천자의 춤을 추는 무엄한 일을 거리낌 없이 범한다면 무슨 일인들 못하겠는가라고 탄식한다. 역설적이게도 팔일무를 추게 한 계씨의 행위를 개탄하던 공자는 먼 훗날 팔일무의 예악으로 제사를 받는다. '대성지성大成至聖 문선왕文宣王'이란 성인의 자격으로.

공자는 당시 예의 형식이 무너지는 것뿐 아니라 예의 본질이 상실되는 것도 안타까워했다. 제자인 자공이 초하룻날 조상의 사당에서 양을 희생으로 쓰던 예를 없애려고 했다. 유가의 전통은 자연의 절기에 따라 초하루와 보름을 중시한다. 매년 섣달이면 천자는 제후들에게 다음 해 달력을 나눠주는데, 제후들은 달력을 받아 일단 조상의 사당에 보관한다. 그러다 초하룻날이 되면 양을 잡아 사당에 제사를 지내고 달력을 꺼내 백성들에게 반포하였다. 이것을 곡삭告朔의 예라고 한다.

당시 달력을 반포하는 일은 천자를 높이고 조상을 받드는 중요한 행사였다. 그런데 어느 때부터인가 군주는 참여하지 않고 희생 양만 바치는 형식적인 행사가 되고 말았다. 그 때문에 자공은 실용적인 가치가 없다고 여기고 그 제도를 폐지하려고 했다. 애꿎은 양만 희생된다고 보았기 때문이다. 공자는 예의 본질을 생각하지 못하는 제자가 안타까웠다. "너는 그 양을 아까워하느냐? 나는 잊혀져 가는 그 예를 아까워한다."(『논어』)

공자는 의례의 의미는 잊혀지고 양을 바치는 행위만 남은 곡삭

례에 주목했다. 만약 양을 바치는 형식만이라도 남아있다면 그 예
는 기억되어 언젠가 그 정신을 복구할 수 있다. 그 때문에 공자는
곡삭의 예를 없애려는 자공이 안타까웠던 것이다. 공자가 중시한
것은 한 마리의 양이 아니라 예의 본질이다. 예의 본래 정신을 살려
내면 무너진 사회질서를 회복할 수 있다. 이것이 공자의 통찰이다.

2. 마음이 몸을, 몸이 마음을!

1) 마음, 도화지의 흰 바탕

공자의 시대는 예뿐만 아니라 음악 또한 문란하고 지나치게 화
려했다. 예는 공경을 잃어버렸고 악은 조화를 상실했다. 공자는 예
와 악이 본래의 모습을 잃어버리고 겉치레만 추구하는 문제를 지적
했다.

예다, 예다 말하지만 옥과 폐백을 말하는 것이겠는가? 악이다, 악이
다 말하지만 종과 북을 일컫는 것이겠는가?

禮云禮云, 玉帛云乎哉? 樂云樂云, 鐘鼓云乎哉? (『논어』 「양화」)

공자는 예와 악을 별도로 나누기도 하지만, 예·악을 한데 묶어
설명하기도 한다. 예가 사회생활의 차례와 등급을 정한 것이라면
악은 그 차례와 등급을 조화롭게 만든다. 따라서 예와 악은 동전의

앞뒤처럼 맞물려 있다. 공자는 옥과 폐백을 주고받는 형식적인 겉치레를 예라고 생각하지 않았다. 이와 마찬가지로 단순히 종과 북을 연주하는 것도 음악이라고 여기지 않았다. 외형도 필요하지만 실질이 부족한 것은 예와 악의 근본정신과 거리가 있다고 보았다. 이 점에서 진실한 마음에서 우러나오는 예·악의 본래성을 소중히 여기는 공자의 생각이 드러난다. 이러한 생각은 '회사후소繪事後素'라는 명언으로 압축된다.

> 자하: 시에서 '어여쁜 웃음에 아름다운 보조개여! 아름다운 눈에 선명한 눈동자여! 흰 바탕으로써 문채를 삼았다.'라고 했습니다. 무엇을 말한 것입니까?
>
> 공자: 그림 그리는 일은 흰 바탕이 마련된 뒤에 하는 것이다.[회사후소繪事後素]
>
> 자하: 예가 뒤라는 말씀입니까?
>
> 공자: 나를 일깨워주는 자는 상[자하子夏]이로다. 비로소 더불어 시를 말할 수 있겠구나!(『논어』 「팔일」)

자하는 '예쁘게 웃을 때 보조개가 아름답고, 아름다운 눈에 선명한 눈동자가 반짝인다'라고 하는 시의 묘사를 치장 이전의 아름다움에 대한 표현으로 이해했다. 그런데 "흰 바탕으로 문채를 삼았다."는 말이 잘 납득되지 않았던 모양이다. 흰색도 채색의 하나이다. 자하는 '흰색'을 사용해서 멋있게 꾸미는 것은 자연스러움과 거리가 있다고 생각했다. 그에 대해 공자는 그림 그리는 일은 '흰 바탕'

이 마련되어야 가능하다고 설명한다. 보조개와 까만 눈동자는 분명 매력적이다. 하지만 미소와 눈이라는 바탕이 있기 때문에 그 매력이 발산된다. 예쁜 보조개와 까만 눈동자는 미소와 눈이라는 바탕 위에서 그 아름다움이 돋보이는 것이다. 미소와 아름다운 눈이 없다면 보조개와 까만 눈동자는 의미가 없다. 보조개와 까만 눈동자만 있을 경우는 생각만 해도 섬뜩하다. 이 비유는 아름다운 마음이라는 바탕을 먼저 마련하고 그 위에 꾸밈을 더해야 참된 멋이 가능함을 보여준다.

진정성을 중시하는 군자는 화려한 비단 옷을 입고 그 위에 가벼운 홑옷을 걸쳐 입는 세심한 배려도 아끼지 않는다. 은근히 퍼져가는 난초 향처럼 담박하면서도 싫증 나지 않는 속 깊은 자신의 향기를 풍긴다. 하지만 오늘날은 그 어느 때보다도 자기 홍보가 중시된다. 작은 일도 확대하여 부풀려서 자신이 얼마나 대단한지 드러내고 자랑한다. 하지만 그것이 실제 모습과 다를 때에는 오히려 조롱거리가 될 수가 있다. 군자는 자신을 드러내지 않으므로 얼핏 평범하고 능력이 없어 보인다. 그러나 시간이 갈수록 내면에 쌓인 힘이 드러나면서 명료해지고 빛이 난다. 그것이 보조개를 아름답게 보이게 하고, 까만 눈동자를 빛나게 한다.

공자는 형식에만 치중해 겉만 꾸미는 세태에 만족하지 않았다. 임방이 예의 근본을 묻자 곧바로 훌륭한 질문이라고 칭찬하며 다음과 같이 말한다.

예는 사치하기보다는 차라리 검소해야 하고, 초상은 형식적으로 잘 치르기보다는 차라리 슬퍼해야 한다.

禮與其奢也, 寧儉; 喪與其易也, 寧戚.(『논어』「팔일」)

공자는 겉으로 드러나는 형식보다 검소와 슬픔이 예의 근본임을 제시한다. 따라서 상례는 고인에 대한 애통을, 제사는 조상에 대한 공경을 앞세운다. 지나침과 미치지 못함은 같다[과유불급過猶不及]. 사치도 바람직하지 않지만 지나친 검소도 문제다. 그러나 굳이 선택하라면 사치보다는 검소가 예의 본질에 적합하다는 게 공자의 입장이다. 상례도 장례 절차를 세련되게 치르기보다 차라리 애통함이 묻어오는 진정 어린 마음이 더 낫다. 공자의 답변은 사치스러운 예는 본래의 마음에서 벗어나기 쉽다는 경계이다.

잘못된 이해가 일을 망친다. '극기克己'에 대한 오해가 그렇다. 대부분의 학교나 회사에서 실시하는 극기 훈련은 통상 육체적 한계를 극복하는 프로그램 위주다. 선무당이 사람 잡는 꼴이다. 극기는 알고 공동체의 질서를 회복하려는 복례復禮는 몰라서 일어나는 일이다. 공자에게 '극기'는 예의 회복을 통한 인의 실현이다.

안연: 인이 무엇입니까?

공자: 자기의 사욕을 이겨 예로 돌아가는 것이 인이다.[극기복례위인 克己復禮爲仁] 하루라도 자기의 사욕을 이겨 예로 돌아가면 천하가 인하다고 인정할 것이다. 인을 행함은 자기 자신에게 달려 있는 것이지, 어찌 남으로부터 말미암는 것이겠는가?

안연: 그 조목을 여쭙겠습니다.

공자: 예가 아니면 보지 말고, 예가 아니면 듣지 말며, 예가 아니면 말하지 말고, 예가 아니면 움직이지 말아야 한다.[비례물시非禮勿視, 비례물청非禮勿聽, 비례물언非禮勿言, 비례물동非禮勿動]

안연: 제가 비록 부족하지만, 그 말을 실천하겠습니다.(『논어』「안연」)

사람이라면 누구나 식욕·성욕·수면욕 등 본능적 욕구와 출세나 성공 등의 사회적 욕망에서 자유롭지 않다. 그런데 정당하지 않은 방법으로 자신의 욕구를 채우려 한다면 다른 이들에게 피해를 주고 사회적 갈등을 초래한다. 공동체의 평화를 위해 자신의 사사로운 욕망을 이겨내려는 노력이 필요하다. 극기의 목적은 예의 회복에 있다. 그 길이 인과 통하는 지름길이다. 그 길은 멀리 있지 않다. 하루만이라도 사적인 욕망의 한계를 넘어선다면 공동체 구성원의 마음을 얻고 공동체의 화합을 이룰 수 있다. 보고 듣고 말하고 움직이는 일체의 몸가짐을 예에 따라 행하려는 노력 속에 그 길이 있다.

2) 몸은 마음의 창

마음과 몸의 연관성을 잘 드러내는 한자로 '부끄러울 치恥' 자가 있다. 마음 심心과 귀 이耳로 이루어진 글자로, 잘못된 행위를 하면 귀가 빨개진다는 의미가 담겨 있다. 마음과 육체는 단절된 것이 아니라 연결되어 있음을 나타낸 것이다. 그런데 사람들은 마음먹기에 따라 자기 몸을 자유자재로 움직일 수 있다고 여긴다. 그러나 그것은 착각이다. 몸은 어느 순간부터 몸에 밴 습관을 기억한다. 그때부터 몸은 자기도 모르게 무의식적으로 움직인다. 싫다고 해도 습관을 따른다.

몸으로 표현하는 예는 사람됨의 또 다른 표출이다. 예는 어려서부터 모방과 학습을 통해 취하는 관습의 일종이라고 한다. 그러나 존경하는 태도를 통해 상대를 정말 존경할 수도 있다는 점에서 존경심으로 드러나는 태도는 관습이 아닌 미덕의 측면을 지닌다. 조선의 선비들이 항상 무릎을 꿇고 자세를 반듯하게 했던 위좌危坐 역시 자신을 바로 세우기 위한 예의 본보기다. 그 과정에서 자신의 진면목을 찾으며 사람다움을 되새겼다.

삶은 굳혀진 습관에 의해 좌우된다. 전통 사회의 지식인들이 많이 배우는 것보다 일상에서 사람답게 살아가는 법을 중시했던 이유다. 그들에게 일상이란 배움을 실천하는 터전이었다.

> 자유: 자하의 제자들이 물 뿌리고 청소하며 응대하는[쇄소응대灑掃應對] 예절을 행하는 것은 괜찮을 것입니다. 하지만 이는 말단이고, 근본적인 점이 없으니 어찌 된 것입니까?
>
> 자하: 지나친 말입니다. 군자의 도가 어느 것을 먼저라고 하여 전수하며, 어느 것을 뒤라고 하여 게을리하겠습니까? 초목에 비유한다면 뿌리와 잎을 구분하는 것이니, 군자의 도를 어찌 속일 수 있겠습니까? 처음과 끝이 일정한 이는 오직 성인이실 것입니다.(『논어』「자장」)

자하는 공자로부터 아래서부터 위까지 이르는 하학상달下學上達

공부법을 배웠다. 그런 그였기에 자잘한 일상에서의 실천도 많은 관심을 가졌다. 물론 자신은 자잘한 것에 얽매이지 않고 큰 줄기를 놓치지 않으려 노력했다. 이러한 태도는 자질구레한 형식적 절목에 구속되지 않을 정도의 안목이 있었기에 가능했던 것이다.

한편 율곡 이이는 일상에서 몸과 마음을 성찰하는 방법으로『예기』의 구용九容과『논어』의 구사九思가 가장 적절하다고 보았다. 구용은 다음과 같다.

> 발의 움직임을 무겁게 한다.[족용중足容重]
>
> 손 모양을 공손히 한다.[수용공手容恭]
>
> 눈 모양을 단정히 한다.[목용단目容端]
>
> 입은 꼭 다문다.[구용지口容止]
>
> 목소리는 조용히 한다.[성용정聲容靜]
>
> 머리는 곧게 세운다.[두용직頭容直]
>
> 숨쉬기는 조용하게 한다.[기용숙氣容肅]
>
> 서 있는 모양은 덕스럽게 한다.[입용덕立容德]
>
> 얼굴 모양을 근엄하게 한다.[색용장色容莊]

용모를 반듯하게 지니기 위해 제시된 아홉 가지 방법인 구용은 각각의 동작이 아니라 동시 동작으로 나타나야 한다. 신중한 걸음걸이와 두 손을 모으는 공손한 손동작, 정면을 응시하는 눈동자, 다문 입, 조용한 목소리, 곧추세운 머리, 고른 숨쉬기, 중후한 자세, 진중한 얼굴 표정 등 전체적으로 신경을 써야 한다. 동작이 정성스러우면 저절로 위엄스러워진다. 그러나 자칫 틀에 박힌 몸동작은 겉치레에 빠지기에 십상이다. 중요한 것은 외형적인 몸동작만큼 그 속에 담긴 마음가짐이다. 공자가 제시한 구사九思가 그것이다. 구사는 다음과 같다.

> 볼 때는 분명하게 볼 것을 생각한다.[시사명視思明]
> 들을 때는 총명하게 들을 것을 생각한다.[청사총聽思聰]
> 얼굴빛은 온화함을 생각한다.[색사온色思溫]
> 용모는 공손함을 생각한다.[모사공貌思恭]
> 말은 충실하게 할 것을 생각한다.[언사충言思忠]
> 일은 경건하게 할 것을 생각한다.[사사경事思敬]
> 의심이 나면 질문할 것을 생각한다.[의사문疑思問]
> 화날 때는 어려움 당할 것을 생각한다.[분사난忿思難]
> 얻을 것을 보면 의로움을 생각한다.[견득사의見得思義]

군자의 아홉 가지 생각인 구사는 동작 하나하나에 담겨야 할 바람직한 자세를 말한다. 명료한 인식, 공평한 이해, 온화한 심성, 공손한 태도, 진실한 대화, 신중한 일처리, 절실한 질문, 후환의 대비, 의로움의 추구 등이다. 이는 배움을 행동으로 실천하고자 노력했던 참다운 유학자들이 지닌 삶의 지침서이기도 했다.

3. 본질과 형식의 조화

사람은 나이가 들수록 예절의 소중함을 실감한다. 예부터 할아 버지 수염을 뽑을 수 있는 유일한 존재를 손자라고 했다. 하지만 아 무리 예쁜 손자라도 천방지축 날뛰면 부담스럽기 마련이다. 그래서 우스갯소리로 만나면 반갑고, 떠나면 더 반갑다고 한다. 가족 간에 도 꼭 지켜야 할 기본예절이 있다는 반증이다. 그런데 예의범절은 몰랐을 때는 상관없는데 알면 알수록 부담스럽게 느껴지기도 한다. 복잡하고 어찌 보면 일관성이 없는 것 같다. 왜 그럴까? 그 원인을 형식과 내용의 부조화나 괴리감에서 찾아보자.

> 바탕이 꾸밈을 이기면 거칠고, 꾸밈이 바탕을 이기면 호화로우니, 꾸 밈과 바탕이 어우러진 다음에야 군자이다.
>
> 質勝文則野, 文勝質則史. 文質彬彬然後, 君子.(『논어』「옹야」)

공자는 예의 형식보다는 본질을 중시했다. 그렇다고 해서 본질의 구현을 위한 형식을 소홀히 했던 것도 아니다. 그는 본바탕의 순수 함과 겉으로 드러나는 문채가 적절하게 어우러지는 문질빈빈文質彬 彬을 추구했다. 문질빈빈은 문채와 바탕의 적절한 조화를 일컫는다. 예 또한 조화로움을 추구한다. 따라서 조화는 예의 실현을 위한 소 중한 덕목이다.

인간은 혼자 살 수 없다. 이런저런 관계 속에서 다채로운 삶의 무 늬를 수놓으며 원활하게 관계 맺기를 원한다. 하지만 정작 조화를 이루기는 쉽지 않다. 마음과 달리 갈등과 다툼의 연속이다. 따라서 다수의 의견을 따르는 것이 피해를 줄이고 상처를 덜 받는다면 내키지 않더라도 그것을 따른다. 좋은 게 좋은 것이라고 위안을 삼는다. 하지만 이러한 관계는 조화롭게 보이지만 오래가지 못한다.

이해의 충돌이나 별다른 일이 없는 일상적인 관계에서는 모두 좋은 사람들이다. 그런데 선택을 가름하는 일 앞에 서면 그 사람의 격이 드러난다. 이때 평소 군자의 품격을 갖추고자 노력했던 사람은 공동체 전체의 입장에서 생각하고 행동한다. 눈앞의 이익보다는 모두에게 도움이 되는 것을 고민하고 그 길을 선택한다. 반면 소인은 자신의 이익과 직결되지 않으면 침묵하거나 무관심 한다. 조화롭게 보이지만 암묵적 동의를 통해 자신의 이해利害를 따지는 것이다. 이처럼 자신의 이익만을 위한 조화는 부화뇌동에 불과하다.

물론 부조화도 보는 측면에 따라 조화의 일부라고 할 수 있다. 부도덕한 도둑들의 세계에도 그들 나름의 질서가 있다. 수령과 부하가 있어서 명령을 듣고 따라야 도둑질을 할 수 있다. 그렇지 않을 경우 기강이 무너져 작은 도둑질도 힘들다. 하지만 이를 조화라고 보기는 어렵다. 자신의 색채를 잃지 않으면서 전체와 잘 어울리는 것이 조화다. 오케스트라는 서로 다른 악기들이 모여 제각기 소리를 낸다. 질서가 있다. 각각의 악기 소리는 전체와 어울린다. 조화다. 상생과 융합의 상징인 비빔밥도 조화의 두드러진 예다. 다채로운 재료가 어울려 맛을 내는 것처럼 다름에 대한 인정이야말로 조화의 길이면서 자신을 잃지 않는 방법이다. 이는 관계를 중시하는 동양문화의 한 특성이기도 하다.

그런데 조화 그 자체만을 고집한다면 또 다른 문제점에 봉착하게 된다. 이것이냐 저것이냐의 갈등상황에서 조화가 좋다고 우유부단함으로 얼버무리려 한다면 뜻하지 않은 상황을 맞이하기도 한다. 혹 시간이 해결해주거나 우연한 그 어떤 것이 대신 문제해결의 실마리를 제공하기도 한다. 하지만 이는 모두 요행일 뿐이다. 요행으로 한두 번 해결됐다고 해서 항상 맞지는 않는다. 그 때문에 공자는 절제된 예를 강조했다. 예로 절제되지 않은 행위는 문제를 일으킨다.

예로 절제되지 않은 공손은 사람을 힘들게 만들고, 예로 절제되지 않은 조심성은 사람을 위축시키며, 예로 절제되지 않은 용맹은 좌충우돌의 혼란을 초래하며, 예로 절제되지 않은 정직은 인간관계를 박절하게 만든다.

恭而無禮則勞, 愼而無禮則葸, 勇而無禮則亂, 直而無禮則絞.(『논어』「태백」)

예란 지나침도 모자람도 없는 중中의 조화로운 상태를 지향한다. 위의 네 가지 경우는 너무 지나친 데서 나온 병통이다. 만일 예로 절제하지 않고 공손하기만 할 경우 옳지 못한 일에도 고개 숙이고 굽실거린다. 지나치게 삼가면 겁나서 아무 일도 못 한다. 또 힘 있다고 뻐기다 보면 무질서해지기 쉽다. 그런가 하면 솔직한 것은 좋은데 너무 솔직하면 인정머리가 없다. 『주역』에 "고통스럽게 지켜나가는 절제는 올바른 것이 못된다."는 말이 있다. 참는 데도 한계가 있기에, 너무 지나치면 자신도 모르게 위선적이 되기 쉽다. 그러므로 질서를 본질로 하는 예는 조화를 추구하면서도, 절제로써 조화에 매몰되지 않도록 해야 한다.

6장

일상에 젖어들다

상례를 신중히 치르고 조상을 추모한다

愼終追遠 — 『논어』「학이」

1. 희망과 계승의 문화

1) 관례, 어른의 시작

　일상과 현실을 중시하는 유교에서 예는 삶의 전반에 걸쳐 있다. 그 중에서도 관·혼·상·제는 인생의 중요한 시기를 매듭짓는 통과의례였다. 오늘날 치러지는 성인식·결혼식·장례식·추도식은 전통시대의 관례·혼례·상례·제례와 다를 바 없다. 성인식이나 결혼식은 주어진 삶을 소중히 살아가려는 마음을 다짐하는 의식이다. 장례식이나 추도식은 돌아가신 이를 떠나보내는 슬픔을 다하고 생전의 고인을 추억하며 기리는 의식이다. 예나 지금이나 형식은 조금 변했어도 삶의 중요한 과정마다 자리한 그 마음은 변함이 없다.

　남자가 머리에 관을 쓰는 관례冠禮나, 여자가 머리에 비녀를 꽂는 계례筓禮를 통칭하여 관례라고 한다. 남자의 관례나 여자의 계례는 단순히 나이가 찼다고 어른이 되었음을 의미하지 않는다. 관례를 치른다는 것은 자립自立을 의미한다. 자립은 경제적 자립과 도덕적 자립으로 구분할 수 있다. 경제적 자립은 의식주를 자신의 힘으로 해결하는 것이고, 도덕적 자립은 자신의 말과 행동의 주체로서 그 결과까지도 스스로 책임지는 것이다. 따라서 관례는 사회 구성원으로서의 책무를 느끼고 그 의미를 각인하는 계기였다.

　관례가 단순히 어른이 되기 위한 통과의례의 의미를 넘어서는 것은 비단 우리만의 문화는 아니었다. 유목생활을 했던 서양문화권의 성인식에서는 그에 적합한 체력과 강인함을 강조하였다. 풍성한

초목을 찾아 이동하면서 새로운 변화에 적응하고 공동체를 보호할 힘이 필요했기 때문이다. 반면 농경문화에 뿌리를 둔 동양문화권에서는 계절의 변화와 자연의 질서에 순응하는 지혜가 중요하였다. 그러므로 오랜 경험으로 변화를 예측하여 준비하는 연장자에 대한 공경심도 상대적으로 강하였다. 이러한 까닭으로 관례를 행할 때 덕을 갖춘 연장자를 주빈으로 모시고 진행하였다.

그래서 예를 주관하는 주빈도 매우 신중하게 결정하였으며, 이렇게 초빙한 주빈의 주관으로 세 차례 모자를 바꿔 쓰는 삼가三加의 예를 올린다. 주빈은 관례 참가자가 어린 생각을 버리고 어른스러운 행동으로 덕을 키워가면 장수하고 큰 복을 받을 것이라고 격려한다. 또한 평소의 이름을 대신하여 자字를 지어주는데, 성인이 되어 사회구성원으로서 지켜야 하는 책임과 희망의 가치를 담아서 짓는다. 그러므로 자는 이름을 대신하는 단순한 호칭이 아니라 자신이 이루어야 할 목표이자 평생 지켜야 하는 가치관이다.

관례가 끝나면 자녀는 정식으로 부모님께 인사를 드리는데, 이때는 부모님이 먼저 자식에게 절을 한다. 또 부모 다음으로 자신보다 나이가 많은 친척 형제들을 찾아뵙는데, 이때에도 상대는 관례를 치른 당사자에게 먼저 절을 한다. 상대에게 먼저 절을 하는 것은 존중하는 행위이다. 즉 자신이 낳은 자식이고 자신보다 나이가 어린 동생이지만 이제는 성숙한 인격체로서 자신과 동등한 사회 구성원이 되었음을 인정하는 의미에서 먼저 절을 하는 것이다. 따라서 관례는 자신의 말과 행동에 책임을 지고, 어른으로서의 책무를 깨닫는 통과의례이면서, 어른이 되었음을 축복하는 자리이다.

요즈음은 만 20세가 되는 해의 5월 셋째 월요일에 성년식을 치른다. 전통 관례의 본질을 이은 것이다. 그런데 간혹 성년식을 청소년기로부터 해방된 날이라고 생각하고 자기 행위에 대한 책임의식을 간과하는 일도 있다. 나이가 들었다고 해서 모두 어른은 아니다. 공자는 성인이란 이익을 보면 그것이 의로운가를 생각하는 마음, 위태로운 상황일지라도 평소의 소신을 지켜 모든 것을 내던질 수 있는 마음, 오래된 약속은 물론이고 평소에 했던 자신의 말과 행동에 책임지려는 마음이 필요하다고 보았다. 곧 충실과 신뢰를 지니고 살아야 한다는 말이다. 말처럼 쉽지 않다.

그러나 인생의 중요한 출발점인 성인식에서 인격의 완성을 위한 원대한 밑그림을 그려보는 것은 어떨까? 꽃이나 향수보다 더 진한 향기를 피우게 될 성숙한 자신을 그리면서 말이다. 세월이 흘러 형식은 바뀔지라도 어엿한 사회 구성원의 한 사람으로서 책임의식을 느끼고 그 역할을 다짐하는 관례의 의미는 지금도 여전히 유효하다.

2) 혼례, 인륜의 출발

결혼은 청춘남녀의 사랑을 아름답고 지속적으로 이어가는 의식이다. 오늘날의 결혼은 개인 간의 만남과 행복에 방점이 찍혀 있다. 하지만 전통사회의 혼례는 두 집안의 사회적 결합과 이어짐에 큰 비중을 두었다. '나'라는 개별적 한계를 넘어 다른 사람의 존재까지도 받아들이는 책임의식과 희생정신을 다지는 통과의례가 바로 혼례이다. 남녀가 가정을 이룬다는 것은 단순히 개인과 개인이 만나 같은 공간에서 거주한다는 의미만 담고 있는 것이 아니다. 일차적으로는 상대를 나 자신과 동일하게 여겨 존중해야 하며, 더 나아가서는 상대를 남이 아닌 나 자신처럼 아끼고 책임을 져야 한다.

두 남녀의 결합은 출산을 통해 부모와 자식이라는 새로운 관계로 이어진다. 오륜의 첫 번째이자 부모와 자녀 사이의 관계윤리인 부자유친父子有親도 부부에서 시작하므로 인륜의 출발점으로서 혼인은 유교에서 소홀히 할 수 없는 의례였으며 엄숙한 절차가 뒤따랐다.

혼례는 크게 세 단계를 거친다. 혼례의식 이전의 준비단계, 혼례의식인 대례大禮, 혼례의식 이후 치르는 후례後禮로 구분된다. 이러한 절차에는 두 사람이 하나로 맺어지기를 바라는 마음이 고스란히 담겨 있다. 먼저 중매인을 통해 남자 측에서 청혼하고 여자 측에서 받아들이는 혼담을 거친다. 이어 혼인을 맺겠다는 표시로 남자 측에서 예비신랑의 생년월일을 적은 사주단자를 보낸다. 빨간 보자기에 싼 정성 어린 납채納采를 받은 신부 측은 혼인 날짜를 정해 신랑 측에 보내는 납기納期를 행한다. 혼인 날짜가 정해지면 신랑 측에서 앞날을 기원하는 예물을 함에 담아 보낸다. 납폐納幣라고 하는 이 과정은 오늘날에도 남아 있다. '함 사세요!'라는 시끌벅적한 정취가 그 흔적이다. 이처럼 혼담이 오고 간 후 납채, 납기, 납폐 등 혼인 준비과정은 오늘날 약혼식 전후와 비슷하다.

그리고 본격적인 혼례에 앞서 조상을 모신 사당에 고하고, 부모의 교훈을 듣고 다짐하는 간략한 의식을 행한다. 이어 신랑이 신부의 집에 가서 기러기를 직접 전달하는 전안례奠雁禮는 실질적인 의식의 출발이다. 기러기는 새끼를 많이 낳고 짝을 잃으면 다시 다른 짝을 찾지 않기 때문에 상징적으로 사용한다. 즉 전안례는 부부의 백년해로와 자손의 번창을 기원하는 의식이다. 전안례가 끝나면 신랑과 신부가 처음 만나 인사를 하는 교배례交拜禮를 행한다. 혼례는 개인보다는 두 가족 혹은 두 가문의 만남을 중시하기에 이때 비로소 신랑과 신부가 만난다. 초례상을 중앙에 두고 신랑은 동쪽에, 신부는 서쪽에서 마주 서서 주례의 진행에 따라 의식이 진행된다. 서로 큰절을 하고 술을 나눠 마시는 근배례졸拜禮를 행한 뒤 합궁함으로써 혼례는 일단락된다. 이때 표주박을 사용하는데, 박을 둘로 나누어 만든 표주박을 다시 하나로 합치듯이 혼인을 통해 두 사람이 하나로 합친다는 의미이다.

끝으로 신부 집에서 혼례를 마친 후 신랑은 신부를 데리고 자신의 집으로 온다. 이후 신부가 시부모와 어르신들에게 처음으로 인사하는 후례를 행하는데, 이를 위해 신부는 폐백을 준비한다. 신랑과 신부가 폐백을 올리며 절을 하는 의식이 끝나면 시부모는 신부를 위해 큰 상을 베풀면서 위로한다. 그리고 사당에서 혼인의 모든 과정이 끝났음을 알리는 고유제告由祭를 올린다. 이처럼 예식의 처음과 끝에는 항상 조상에 대한 인사가 있었다.

전통혼례의 절차에서 중요한 대목은 신랑이 신부를 맞이하기 위해 신부의 집으로 갈 때, 신랑의 부모가 훈계하는 내용이다. 부친은 아들에게 "네가 존중받고자 한다면 먼저 네가 모범이 되어야 한다."는 말을 한다. 이는 가장이 된다고 해서 가족 구성원들이 저절로 존경하는 것이 아니라, 본인 스스로 모범이 될 만한 인품과 훌륭한 행실을 갖춰야 한다는 뜻이다. 남녀가 서로 존경받도록 자신의 감정 및 언행을 올바르게 다스리며 배려할 때 비로소 인생을 공유하는 가정이 이루어지는 것이다. 이것이야말로 『대학』에서 말한 수신修身을 기반으로 제가齊家를 실천하는 장이다. 제가는 가정을 다스린다고 풀이하는데, 이는 가장이 엄격한 규율을 세워 가족 구성원을 통제하거나 지시한다는 뜻이 아니다. 자신을 올바르게 다스렸을 때, 가족들이 감화되어 올바르게 되고자 스스로 다짐하고 따르게 하는 것이 바로 제가의 의미이다.

오늘날의 혼례는 화려하고 준비과정 또한 길다. 그에 비해 예식은 매우 소략하다. 과도한 혼수도 문제다. 『소학』에는 "혼인에 재물을 논함은 야만인의 문화다."라는 문중자의 말이 기록되어 있다. 재물이 아닌 덕을 보아야 한다는 뜻이다. 사마광도 같은 맥락의 말을 한다. "무릇 혼인을 의논함에 마땅히 먼저 그 사위와 며느리의 성품과 행실 및 가법이 어떠한가를 살펴야 할 것이요, 다만 그 부귀만을 흠모해서는 안 된다." 이러한 기록들은 예나 지금이나 인품보다 재물을 중요하게 생각하는 세태를 여실히 보여주는 전거이다.

전통사회의 혼례는 이렇게 선남선녀의 단순한 만남을 넘어서는 의미를 지니고 있다. 혼례는 조상에 대한 제사와 자손 번창이라는 인류의 바람을 그대로 간직하고 있다. 혼례는 이성異性의 이성二姓 결합을 통한 윗세대와 아랫세대를 잇는 출발이라는 점에서 여러모로 신중한 자세가 필요하다.

2. 추모와 공경의 문화

1) 상례, 죽은 이에 대한 애통의 마음

취임식에 임하는 대통령의 첫 공식 일정은 순국선열이 잠들어 있는 현충원의 참배이다. 조국에 헌신했던 선열이 있었기에 오늘날 우리가 있음을 의미한다. 국내뿐만이 아니다. 외국 순방의 바쁜 일정 속에서도 그 나라의 국립묘지를 찾아 추모하는 것은 상대국에 대한 존중과 배려이다. 지도자가 보여주는 이와 같은 추모의 모습은 앞 시대를 계승하고 정성스러운 일처리를 기대하는 모든 이들의 마음을 한 곳으로 모으는 상징적 효과가 있다.

모든 문화권의 이러한 의식은 어디에서 나오는 것일까? 우리는 공자의 제자 가운데 가장 듬직하고 성실한 모습을 보인 증자의 짧은 한마디에서 그 단서를 찾을 수 있다. 『대학』의 저자로 알려지기도 한 증자는 상례의 신중함과 제사의 추모에 대해 다음과 같이 말한다.

상례를 신중히 치르고 조상을 추모한다면, 백성의 덕이 돈독해질 것이다.

愼終追遠, 民德歸厚矣.(『논어』「학이」)

종終은 끝나다, 다하다, 마쳤다는 뜻이다. 세상에 태어나 자신에게 주어진 길을 묵묵히 걷다가 마지막에 이르는 것이 종이다. 그러나 이어달리기에서 다음 주자에게 바통을 넘겨주듯 마지막은 다음 세대의 출발점이 된다. 그래서 동양에서는 마지막과 시작의 연계를 중시하여 시종始終보다 '끝과 처음'이라는 종시終始를 많이 쓴다. 유가는 단절이 아닌 이어짐의 연속으로 삶을 관조한다. 증자가 삶의 마지막인 상례에서 신중함을 다하라고 당부한 것도 그 때문이다. 죽음은 삶의 단절이 아니다. 그래서 상례는 죽은 이를 기억하고 먼 길을 떠나보내는 애달프고 슬픈 이별의 시간이기도 하지만 남은 자들이 죽은 이를 새로운 삶으로 잇는 과정이기도 하다. 따라서 상례는 한 치의 소홀함도 없이 삼가고 신중해야만 한다.

"눈에서 멀어지면 마음도 멀어진다Out of sight, out of mind"는 말처럼 죽은 이를 떠나보내는 슬픔도 시간이 지나면 점차 옅어진다. 그러나 상례는 제례로 이어진다. 제사는 평소 고인을 생각하는 마음, 특히 상례 때의 슬픈 마음을 되새기는 시간이다. 따라서 상례가 죽은 자를 따른다면 제례는 산 자를 따르고, 상례가 죽은 자가 중심이라면 제례는 산 자가 중심이다.

상례는 슬픔이 부족하고 의례가 넉넉하기보다는 의례가 부족하더라도 슬픔이 넉넉한 것이 낫다. 제례 역시 경건함이 부족하고 의례가 넉넉하기보다는 의례가 부족하고 경건함이 넉넉한 것이 낫다. 상례는 슬픔이 중심이며, 제례는 경건함이 중심이다. 공자가 예의 근본을 묻는 임방에게 겉치레 없는 진실한 마음을 요청한 것도 이 때문이다. 돌아가신 분 앞에서 예를 조금 안다고 번잡스럽게 이것저것 챙기느니, 차라리 돌아가신 분을 애도하며 슬픔에 빠지는 것이 더 낫다.

증자는 초상의 신중함과 제사의 추모가 백성들의 마음을 움직이는 중요한 축이라고 생각했다. 하늘이 무너지고 땅이 꺼질듯한 현실을 받아들이고 애통한 심정으로 삼가 상례를 치르며 효성을 다해야 한다. 온갖 정성을 다해 부모님의 마지막 길을 보내드리는 그 모습은 살아 있는 사람들의 마음에 존경과 신뢰를 심어준다. 그러므로 뭇사람들이 감동하고 교화되는 중요한 계기가 상례이다.

신종추원愼終追遠은 부모님에 대한 효심과 선대의 노고를 잊지 않고 이어 가겠다는 마음가짐이다. 따라서 지도층일수록 근본에 대한 감사와 처음을 되돌아보려는 마음으로 신종추원 해야 한다. 그럴 때 사회공동체 구성원들이 이를 본받고 신뢰를 보낸다. 이는 공동체의 질서 유지와 안녕으로 이어진다. 증자의 통찰이다.

2) 제례, 그리움을 담은 산 자의 정성

유교는 제사를 중시한다. 제사는 인간이 하늘과 신에게 정성 어린 제물을 올려 그 근원과 교류하려는 종교적 의례에서 비롯하였다. 곧 제사의 목적은 생명의 근원에 대한 감사와 보답[보본報本]이며, 생명의 근원과 하나 됨[반시反始]이다. 그렇다고 아무 신에게나 제사를 지내서는 안 된다. 형식보다 진실한 마음을 중시했던 공자는 제사지낼 신이 아닌데도 제사지내는 것을 아첨으로 보았다. 명분이 없는데도 함부로 제사지내는 잘못을 지적한 것이다.

제자들은 공자가 정성으로 제사를 주관하는 모습을 대하면서 "제사를 드리되 조상이 계신 듯하며, 신을 제사하되 신이 계신 듯하였다."(『논어』)라고 묘사하였다. 공자 또한 제사에 대해 말하였다.

> 내가 제사에 참여하지 못하면 제사를 지내지 않은 것과 같다.
>
> 吾不與祭, 如不祭.(『논어』「팔일」)

공자는 마치 살아있는 자를 대면하듯 정성과 공경을 다해 제사를 모셨다. 이 때문에 만일 제사에 참여하지 못하면 마음이 흡족하지 못하므로 제사를 지내지 않은 것과 같다고 고백한다. 자신의 지극한 정성이 도달해야 받아들일 신도 있는 것이다. 따라서 제사는 공경하는 마음이 최우선이다.

전통제사는 당일치기가 아니었다. 제사를 지내기 일주일 전부터 술을 마시지 않고, 마늘 등 냄새가 심한 것도 먹지 않으며 외부의 유혹을 털어내야 한다. 제사가 임박한 사흘 전부터는 마음을 깨끗이 하여 지극한 정성을 다한다. '살아 계시다'는 심정으로 산 자와 죽은 자의 감정이입이 이루어지도록 한 것이다. 거처와 용모, 기호식품, 유쾌했던 나날들을 생각하다 보면 재계하는 대상이 분명하게 마음속에 자리한다.

또한 이전에는 자시子時에 제사를 모셨다. 자시는 밤 11시로, 애통하는 마음으로 하루 종일 흠향하는 데 목적이 있다. 비슷한 맥락에서 '애일愛日'이란 표현도 있다. 부모님을 섬기는데 시간이 모자란다는 뜻이다. 역시 돌아가신 분을 추모하기에는 하루 24시간으로도 부족하다는 절박한 심정에서 첫 새벽에 제사를 지낸 것이다. 오늘날은 바쁜 현대인의 생활을 고려해 돌아가신 당일 저녁에 제사를 지내기도 한다.

제사에서 부담스러운 부분이 제수 준비과정이다. 일반적으로 제물은 사람이 먹을 수 있는 모든 음식이 포함된다. 그중 그 해 처음 수확한 것, 가장 품질이 좋은 것을 골라 정갈하게 준비한다. 그리고 제상을 차리는 진설은 마련한 제물의 색깔에 따라 위치가 다르다. 예를 들어 붉은 것은 동쪽에, 흰 것은 서쪽에 배열한다. 이것은 음과 양에 따라 인간의 질서를 우주적 질서와 일치시키려는 전통적인 사유에서 나온 것이다.

『격몽요결』에서 율곡 이이는 차례나 제사의 목적을 화和와 경敬에 두고 있다. 가족 간의 화합과 조화, 조상에 대한 공경심 없이 형식적으로 치르는 제사는 의미가 없다는 것이다. 즉 후손들이 화합하여 조상을 공경하는 마음으로 지내는 것이 제사의 본질이다. 그런데 현대에는 제사 본래의 목적을 잃은 결과가 명절 후유증이나 가족 간의 갈등으로 표출되기도 한다. 이에 대해 최근 성균관을 중심으로 제사와 차례의 간소화 방안이 검토되고 있다.

목적을 잃은 제사는 번거롭고 귀찮다. 본질이 아닌 형식에 얽매이면 제사는 거추장스럽고 힘든 노동이 된다. 제사의 본질이 살아나 오랜만에 만나는 가족들이 축제처럼 여길 때 이로 인한 갈등도 줄어들 것이다. 가족이 화목하고 모두가 기쁜 마음으로 조상을 기억하는 것, 이것이 제사의 진정한 모습이다.

3. 일상이 해답이다

서기西紀는 예수 탄생을 기점으로 하는 기원이다. 서기에 익숙한 현대인들에게 공자 탄생을 기점으로 하는 공기孔紀는 매우 낯설다. 성탄절과 석가탄신일처럼 국가공휴일로 지정하지 않아서가 아니다. 오늘날 우리에게 유학은, 그리고 공자는 그만큼 멀리 있다. 그러나 한 세기 전만 해도 공자가 태어난 B.C. 551년은 특별한 의미를 지녔다. 조선시대에 간행한 서적의 마지막 페이지에 공기를 적는 것은 일반적인 관행이었다. 현재 공자를 추모하는 제사인 석전釋奠에서는 여전히 공기를 쓰고 있다. 공자를 기원으로 하는 유교문화권의 이러한 관행은 공자를 통해 비로소 새로운 문명의 눈을 뜨게 되었다는 존경의 표현이다.

'유학'은 공자를 중심으로 학문의 측면에서 접근할 때 쓰는 용어다. 공자는 죽음의 문제를 정면으로 제시하지 않고 오히려 삶을 중시한다.

> 자로: 귀신 섬기는 것에 대해 묻겠습니다.
> 공자: 아직 사람도 잘 섬기지 못하면서 어떻게 귀신을 섬길 수 있겠는가?
> 자로: 감히 죽음을 묻겠습니다.
> 공자: 아직 삶에 대해서도 잘 모르면서 어떻게 죽음에 대해서 알 수 있겠는가?(『논어』 「안연」)

이 대화는 직언을 서슴지 않아 때로는 스승 공자를 당황스럽게 했던 자로가 제사의 본질적 의미에 대해 질문한 것이다. 누구나, 언젠가는 죽음을 맞게 되기에 죽음을 둘러싼 문제는 절실한 삶의 문제이다. 우리 사회도 한때 잘 사는 웰빙well being이 화두였다가 근래에는 잘 죽는 웰다잉well dying에 관심이 높아지고 있다. 병원에서 투병생활을 하면서 마지막을 힘들게 보내기보다는 품격을 지니고 사람답게 죽을 수 있는 방법을 고심한다. 미리 죽음을 생각하는 것은 역설적으로 삶이란 무엇이고, 어떻게 살아가야 하는가에 대한 반성적 계기를 준다.

2,500여 년 전에 살았던 공자에게도 죽음은 역시 피해 갈 수 없는 문제였다. 다만 그는 죽음에 대해 구체적으로 언급하지 않는다. 오히려 살아있는 사람도 제대로 섬기지 못하면서 어떻게 귀신을 섬길 수 있겠냐고 반문한다. 또한 삶을 모르는데 어찌 죽음을 알겠는가라고 덧붙인다. 어찌 보면 회피로 보일 수 있다. 그러나 공자는 귀신이나 죽음보다 일상의 충실을 강조했다. 공자는 성실과 공경이 부족하면서 알 수 없는 미지의 세계에만 관심을 가지는 것을 경계했다.

또한 공자는 알 수 없는 귀신을 두려움이나 공포심 때문에 섬기는 것은 지혜로운 자가 할 일이 아니라고 했다. 번지가 지혜에 대해 묻자 공자는 이렇게 대답한다.

백성을 의롭게 만드는 데 힘쓰고, 귀신을 공경하면서도 멀리한다면 지혜롭다 할 것이다.

務民之義, 敬鬼神而遠之, 可謂知矣.(『논어』「옹야」)

　살다 보면 공경하지만 멀리해야 할 대상이 한둘이 아니다. 불을 찾아 헤매는 불나방도 불이 좋다고 불 가까이 가면 타죽는다. 자신이 원하는 것일지라도 그 바람이 지나치면 오히려 실망하고 상처 입는 경우도 많다. 사람들과의 관계에 적절한 선이 필요하듯 귀신을 섬기는 것도 마찬가지다. 그릇된 믿음에 모든 것을 걸다가 자칫 패가망신으로 이어질 수 있다. 이런 의미에서 공자는 '공경하면서도 멀리하는' 태도가 지혜로운 자의 올바른 처신이라고 보았다. 모든 일에는 순서가 있다. 알 수 없는 귀신을 섬기는 데 공력을 들이기보다 사람으로서 행해야 할 일상의 삶을 충실히 살아야 한다. 공자의 삶이 그러했다.

　일상의 통과의례인 관혼상제를 살펴보면, 유교의 성인식인 관례는 미래에 대한 희망[희希]을 담고 있다. 어른으로서 새로운 출발이자 공동체의 일원이 된다는 책임과 기대가 있다. 혼례는 남녀의 결합을 넘어 두 집안의 결합이며 미래로 이어지는 계승[계繼]의 의미가 크다. 관례와 혼례는 삶의 도리를 강조한다.

　반면 장례와 제례는 죽은 이를 보내는 산 자의 정성과 마음이 담겨 있다. 장례는 절절한 애통[애哀]을 금하지 못하고, 제례는 공경[공恭]을 다한다. 특히 제례는 삶과 죽음 그리고 일상을 강조하는 유교의 특성이 다분히 내포되어 있다. 이처럼 삶과 죽음을 관통하는 관혼상제라는 예의 문화를 통해 우리는 일상에 내재한 유학의 가치를 확인할 수 있다.

仁義禮信

智

제4부

지 智

공부에 빠지다

7장

지혜를 구하다

배우고 때때로 익히니 기쁘지 아니한가!

學而時習之, 不亦說乎 -『논어』「학이」

1. 자기의 길을 찾아서

1) 가장 귀한 것에 뜻 두기

우리는 일상을 살면서 종종 착각과 망각을 하고는 한다. 착각은 마주한 대상을 실제와 다르게 느끼거나 생각하는 것을 의미하고, 망각은 알고 있던 사실을 잊어버리는 것을 의미한다. 학생들에게 '나의 생은 앞으로 얼마나 남아 있을까'라는 질문을 던져보면 대부분 40년 혹은 60년이라고 답한다. 평균 수명에 따라 그렇게 셈했을 것이다. 최근 보건복지부 발표에 따르면 한국의 평균 수명이 2030년도에는 81.9세에 이르러 세계 최고 수준의 장수국가가 된다고 한다. 요즘은 100세 시대라고 해서 그들의 입장에서 보면 아직 80여 년이 더 남아있을 수 있다.

그런데 이것은 명백한 착각이다. 정확한 답변은 '나는 언제 죽을지 모른다!'이다. 그런 일이 있어서는 안 되겠지만, 우리는 언제 어디서 갑작스러운 죽음을 맞이하게 될지 모른다. 평균수명은 그저 수명에 대한 인구의 평균치일 뿐이고, 개별적인 상황을 말해 주는 것은 아니다. 어떤 사람은 태어나는 순간 세상과 이별하기도 하고, 어떤 사람은 120세까지 천수를 누리기도 한다.

역사적으로 장수를 누린 사람은 있었지만, 단 한 명도 죽지 않고 영생한 사람은 없다. 그럼에도 불구하고 우리는 여전히 죽음은 나와는 무관한 일이고, 인생은 여러 번 다시 시도할 만큼 충분한 여유가 있다고 착각하여 시간을 허비한다.

'우리의 삶은 지금 이 순간이 마지막일 수 있다!'라는 사실을 명심해야 한다. 만일 불치병에 걸려 자신에게 고작 일주일의 시간이 주어진다면 지금 무엇을 할까? 어떤 사람은 너무 황망한 나머지, 은행을 털어 그 돈으로 여행 가서 먹고 싶은 것 다 사 먹고, 사고 싶은 것 다 사면서 생을 마감하겠다고 한다. 어떤 사람은 절반의 시간은 친구들과 또 절반의 시간은 가족과 그렇게 사랑하는 사람들과 시간을 보내며 이별을 준비하고 싶다고 할 것이다. 어떤 경우든 다람쥐 쳇바퀴 돌 듯 매일 우리가 살던 방식이 아니라, 그동안 하고 싶었으나 하지 못한 일들을 하며 생을 마감하려고 한다는 것이다. 유한한 삶에 대한 자각은 망각하거나 착각한 나의 '귀한 것'을 다시금 자각하게 한다.

인류의 문명을 바꿔놓은 애플의 전 CEO 스티브 잡스는 췌장암 진단을 받고 치료를 받는 도중, 2005년 스탠퍼드대 졸업식에서 '죽음'에 대해 이야기를 했다. "17세 이후 33년간 매일 아침 거울을 보면서 자신에게 말했습니다. '만일 오늘이 내 인생의 마지막 날이라면, 내가 오늘 하려는 것을 할까?' 그리고 여러 날 동안 그 답이 '아니오'라는 것으로 이어질 때, 나는 어떤 것을 바꿔야 한다는 것을 알게 되었습니다. …… 내가 곧 죽을 것이라는 것을 생각하는 것은 내가 내 삶에서 큰 결정들을 내리는 데 도움을 준 가장 중요한 도구였습니다. 모든 외부의 기대들, 모든 자부심, 모든 좌절과 실패의 두려움, 그런 거의 모든 것들은 죽음 앞에서는 아무것도 아니기 때문에, 진정으로 중요한 것만을 남기게 됩니다."

오천 원짜리 지폐에 새겨져 있는 율곡은 16세 때 인생의 큰 역경을 겪는다. 스승이자 어머니인 사임당 신씨가 홀연 세상을 떠난 것이다. 인생에 대해 깊은 회의에 빠진 그는 삼년상을 마친 후, 머리를 깎고 금강산으로 들어가 불경 공부에 몰두했다. 꼬박 1년 동안 죽음이란 무엇이고 산다는 것이 무엇인지 고민하다 뜻한 바가 있어 산을 내려와 자신의 삶을 살기 시작했다. 오죽헌에 돌아온 후 제일 처음 한 일은 스스로를 경계하는 글인 『자경문自警文』을 지은 것이다. 모두 11조목으로 이뤄져 있는데 첫 문장은 뜻을 세우는 '입지立志'로 시작한다.

> 뜻을 크게 가지고 성인을 본받되, 조금이라도 미치지 못하면 더욱 노력해야 한다.

첫 단추를 잘 꿰어야 나머지 단추들이 제자리를 찾을 수 있다. 잘못 꿰맨 단추는 어색하고 불편하다. 삶도 마찬가지다. 자신과 주변을 힘들게 하면서까지 꿈을 찾겠다고 단추를 다시 꿰매는 것도 자기답게 살지 않고, 있는 모습을 스스로 감내하지 못하기 때문이다. 자기가 좋아하는 것이 무엇이고 편안한 것이 무엇인지 마음에 절실히 물을 필요가 있다. 맹자는 말한다.

> 사람마다 자기에게 귀한 것이 있지만, 생각하지 않을 뿐이다.
> 人人有貴於己者, 弗思耳.(『맹자』 「고자」)

사람들은 모두 귀한 존재가 되고 싶어 한다. 그런데 경제적 풍요와 높은 사회적 지위가 있어야 자신이 귀하게 된다고 착각한다. 그러다 보니 남이 나에게 재물이나 지위를 주면 귀하게 해주었다고 좋아한다. '진나라의 경卿인 조맹은 다른 사람을 귀하게 만들 수 있지만, 그렇게 귀하게 된 사람은 다시 천하게 만들 수도 있다'고 맹자는 말한다. 남이 나를 귀하게 해 준 것은 영광으로 여길 만한 것이 아니다. 죽음을 앞둔 순간, 하고 싶은 '소욕所欲'과 바라는 '소망所望'은 육체적 욕구나 물질적 욕망을 맹목적으로 추구하는 것이 아닐 것이다. 내면의 선한 양심을 드러내며 각자 처한 위치에서 자기답게 살았을 때, 비로소 가치 있는 귀한 존재가 될 수 있다.

2) 자기다움을 위한 노력

평소 거울을 볼 때, 거울에 비친 자기 모습을 보고 어떤 생각을 하는가. 만족스러운지 아니면 '쌍꺼풀이 있었으면 좋겠다', '코가 조금 높았으면 좋겠다'고 생각하며 누구처럼 닮아가기 위해 성형을 고민하지는 않은지. 남과의 비교는 자신을 가꾸는 분발의 계기가 되기도 하지만, 자신을 초라하게 하고 자존감을 떨어뜨리는 시작이 되기도 한다. 스스로를 존중하고 자기답게 사는 방법은 무엇일까? 자공이 남과 자주 비교하자, 공자는 말한다.

사는 어진가 보다. 나는 그럴 겨를이 없다.
賜也, 賢乎哉! 夫我則不暇.(『논어』「헌문」)

자공은 스승보다 31세 어렸지만, 언변과 정치에 뛰어나 노나라와 위나라의 재상을 역임하였다. 『사기』에 따르면, 자공은 네 마리말이 끄는 수레를 타고 수행원을 거느리며 비단꾸러미 예물로 제후들과 교제하였고, 이르는 곳마다 제후들이 버선발로 뛰어나와 대등한 예를 갖추었다고 한다. 공자의 이름이 천하에 골고루 알려지게 된 것도 그가 앞뒤로 도왔기 때문이라는 설도 있다. 공자는 자공이 예측을 잘한다고 평가하였다. 시장 상황과 가격변동을 잘 헤아려 재물을 불렸다는 것이다.

　자신의 과업을 인정받고 싶어서인지, 자공은 종종 남과의 비교를 통해 자신을 자랑하려 했던 것으로 보인다. 한번은 공자가 제자 자천을 군자답다고 칭찬하자, 자공은 자신은 어떤 사람인지를 묻는다. 공자는 '그릇[기器]'과 같다고 말해주었다. 그릇은 하나의 고정된 기능만을 지녔기에, 군자가 경계해야 할 인재의 모습이다. 제자가 좌절할까 염려한 공자는 다시 그릇 가운데 제사에서 쓰이는 화려한 예기[호련瑚璉]와 같다고 말해 준다.

　남과 비교하는 것은 자신이 남보다 우월하다는 것을 확인하여 만족을 느끼려는 경우가 많다. 우리는 어려서부터 끊임없이 비교하고 비교당해 왔다. 성적, 외모, 대학, 취업, 결혼 등을 남과 비교하며 끊임없이 자신을 학대해 왔고, 어른이 되면 그칠 줄 알았던 비교는 자동차, 집, 승진, 자녀 등으로 전환되어 지속되고 있다. 비교는 끊임없는 부족을 야기하여, 불행의 씨앗이 되고는 한다. 자기 모습을 부정하고 남만 모방하여 자신을 다그치면, 나은 능력을 지닐 수는 있지만, 오히려 공허하게 될 수 있다. 비교 대상이 자기에게 있지 않고 남에게 있기 때문이다.

남과 비교를 통해, 내가 남보다 나은 점이 있다고 하여 우쭐댈 필요는 없다. 자기 모습대로 삶을 가꿔가는 자들은 비교를 통해 우열을 평가할 수 없기 때문이다. 남과 비교를 통해 얻은 우월감은 지속적인 자존감을 주기 어렵다. 그럴 여유가 있다면 그 시간에 자신을 성찰하고 부족을 메우며 좋은 점을 바라보는 노력이 필요하다.

꽃은 제 모습대로 필 때 아름답고 감동스럽다. 장미꽃이 인기가 있다고 하여, 안개꽃이 빨갛게 염색하고 가시를 단다고 장미꽃이 될 수 없다. 『장자』에는 '서시빈목西施矉目' 고사가 나온다. 서시는 호숫가의 물고기가 그 미모에 취해 바닥으로 가라앉았다는 '침어沈魚'의 고사가 있을 정도로 빼어난 미모를 자랑하였다. 오나라에 패망한 월나라가 서시에게 가무를 익히게 하여 호색가인 오왕에게 보내, 미색에 빠져 정치를 태만하게 하여 멸망하게 하였다는 이야기도 전해진다. 서시가 마음의 병을 얻어 가슴앓이를 하며 마을에서 찡그리고 다녔는데, 마을의 추녀가 그것을 보고 아름답다고 생각하여, 돌아와 가슴에 손을 맞잡고 찡그리며 다녔다. 그러자 마을 부자는 문을 굳게 닫고 나오지 않았고, 가난한 자는 처자식을 데리고 떠나갔다고 한다. 추녀는 찡그린 것이 아름다운 줄 만 알았지, 본래 아름다웠기에 찡그린 것조차 아름다웠던 그 이유를 알지 못했던 것이다.

비교는 자기다움을 찾고 완성하는 과정에서 이루어져야 한다. "어진 이의 행동을 보면 그와 같아지기를 생각하라." 자신의 모습을 인정하고, 남의 좋은 점을 배워 자기다움을 완성하는 비교는 공자도 권장하였다. 구상 시인의 시 「꽃자리」는 자기다움이 아닌 남을 향한 비교에 매몰되어 있는 우리에게 다시금 자족과 자기다움의 의미를 알려준다.

> 반갑고 고맙고 기쁘다
> 앉은 자리가 꽃자리니라
> 네가 시방 가시방석처럼 여기는
> 너의 앉은 자리가
> 바로 꽃자리니라

거울을 보며, 나를 자세히 바라보고, 나의 모습에 애정 어린 시선을 가져 보자. 그리고 나의 일상을 돌아보며, 나의 모습을 유심히 살펴보고, 나의 장점에 대해 살펴보는 자세를 가져 보자. 남을 베끼기 위해 비교하기보다 자기 모습을 존중하고 자기다움을 완성하기 위해 분발하는 비교는 자기답게 사는 지름길이다.

2. 지식을 넘어 지혜로

1) 공부에 빠진 공자 후예

공자는 배움을 좋아하는 '호학好學'에 대해 강조하였고, 스스로 "배우되 싫증내지 않았다[학이불염學而不厭]."(『논어』)고 하였다. 어떻게 공부가 좋고 싫증 나지 않을 수 있었을까? 공자의 후예답게 동아시아에는 공부 관련 고사가 많다.

'현량자고懸梁刺股'라는 말이 있다. '현량'은 한나라 손경의 고사에서 유래하였고, '자고'는 전국시대 소진의 고사에서 유래하였다. 손경은 잠이 오고 피곤하면 끈으로 머리를 묶어 집안 들보에 매달았고, 소진은 책을 읽다가 잠이 오면 송곳으로 넓적다리를 찔렀는데 피가 발까지 흘렀다고 한다. 피곤하면 눕고 싶고 잠을 자야 몸이 견딜 수 있을 텐데, 자는 시간도 아까워 잠을 이겨내며 시간을 절약해 공부한 이들의 고사는, 같은 방식은 아니더라도 여전히 수많은 학생들을 잠 못들게 하며 영향을 주고 있다.

'형설지공螢雪之功'이란 고사성어도 유명하다. 형은 '형화螢火'의 준말로, 차윤의 고사에서 유래하였고, 설은 '영설映雪'의 뜻으로, 손강의 고사에서 유래하였다. 차윤은 집이 가난하여 항상 기름을 얻을 수 없자 여름철에 명주 주머니에 수십 마리의 개똥벌레를 넣어 책에 비춰 가며 밤낮을 가리지 않고 책을 읽었고, 손강은 집이 가난하여 항상 눈빛에 비추어 책을 읽었다고 한다. 환경 탓에 공부 못한다는 말이 변명처럼 들릴 정도로, 불우한 환경을 극복하며 공부에 매진한 차윤과 손강의 고사는 여전히 영향력을 주고 있다. 후학들은 기꺼이 서재의 창과 책상을 형창螢窓·설안雪案으로 명명하고 공부에 매진한다.

우리나라에도 공부벌레라 칭할 수 있는 선현들이 있었다. 김득신은 『백이전』을 1억 1만 3천 번을 읽었고, 『대학』·『중용』 등의 책은 만 번 가까이 읽었다고 한다. '억億'은 오늘날의 10만이므로, 『백

이전』을 11만 3천 번 읽었다는 것이다. 공부에 미치지 않고서 과연 가능한 일일까 하는 생각도 든다. 실로 공자 후예들은 공부에 빠져 공부의, 공부에, 공부를 위한 삶을 살았다 해도 과언이 아니다.

　요즈음 학생들도 열심히 공부하기는 마찬가지이다. 그런데 그 결이 조금은 다르다. 수많은 학생들은 빠르면 초등학교 입학하는 순간부터 옆 눈 가린 경주마처럼 입시의 긴 터널을 통과하기 시작한다. 밤마다 대형입시학원의 좁은 입구는 야구경기가 끝난 후 통로를 비집고 빠져나오는 관중처럼 학생들로 붐빈다. '이름값'을 높이기 위해서다. 자본주의 사회에서 제품에 물건값을 붙이듯 사람에게 이름값 붙이는 일은 자연스러운 일이 되어버렸다. 대학 가면 해결될 줄 알았던 공부 열풍은 스펙 쌓기로 지속되고, 취업 후에도 직장에서 살아남기 위한 경쟁으로 계속된다. 수단으로 전락한 공부 때문인지, 최근 배움의 전당이 흔들리고 있다.

　『도쿄대생은 바보가 되었는가』에서는 도쿄대가 찻잔과 같은 전문적 바보를 양산해왔다고 진단한다. 교사는 '주전자'를 이용하여 계속해서 지식을 '찻잔'에 따르는데, 그 찻잔의 용량 따위는 완전히 무시된다는 지적이다. 진리에 대한 열정과 도덕적 책임은 책속에나 있는 이야기가 되어 버렸다. 곳곳에서 대학에 대한 자성과 비판의 목소리가 흘러나온다. 일본 대학의 지적 망국론을 지적한 책은 우리에게 배움은 무엇이고, 대학은 어떠해야 하는지 숙고의 과제를 남겼다.

2) 공부, 기쁘지 아니한가!

우리는 왜 공부를 하는 것일까? '공부工夫'의 '공'은 땅을 다질 때 쓰던 돌 절굿공이를 형상하고 있다. 절굿공이로 땅을 다지듯 학문이나 기술을 배우고 익히는 것을 의미한다. 공부를 의미하는 '학습'도 『논어』 첫 문장에서 기인한다. '배우고 부단히 익혀라!' 갑골문에서 '학'은 집 안에서 아이들이 두 손으로 새끼 매듭짓는 법을 모방하는 것을 형상하고 있다. 신과 같은 초월적 존재에 맹목적으로 의존하는 것이 아니라, 자율적인 의지를 발현하여 선현들의 축적된 지혜를 배우는 것을 우선해야 함을 강조한 것이다. 물론 '배움[학學]'은 새가 하늘을 날기 위해 부단히 힘쓰는 '익힘[습習]'의 과정을 수반해야 한다. 그래서 『논어』는 공부를 배움과 익힘을 합친 '학습'으로 규정한다.

공자는 당시 사람들이 배움을 대하는 태도를 두 가지로 구분한 바 있다.

> 옛날 배우는 자들은 자기를 위해 공부하였는데, 지금 배우는 자들은 남을 위해 공부한다.
>
> 古之學者爲己, 今之學者爲人.(『논어』「헌문」)

'위인'은 남의 시선이나 외부 기준에 부합하기 위해 공부한다는 것을 의미한다. 남에게 보여주기 위한 공부는 대가를 바라기 때문에 과정을 견디기 힘들고, 세상이 정한 기준에 맞추는 공부는 수단화된 도구에 지나지 않는다. 기준에 미치지 못하거나 기준이 바뀌면 피로감을 느끼거나 의미를 찾지 못한다. '위기'는 자기다움을 완성하기 위한 공부를 의미한다. 겉만 꾸미고, 바깥을 쫓으며, 명성이나 구하고, 명예나 취하려는 공부는 군자가 추구할 공부가 아니다. 마음으로 깨닫고 몸으로 실천하는 공부가 자기를 완성하는 위기지학인 것이다.

퇴계는 군자가 힘써야 할 공부가 위기지학임을 강조하며 다음과 같이 말하였다.

군자의 학문은 자기를 위할 뿐이다. 자기를 위한다는 것은 …… 인위적으로 함이 없음에도 그러한 것이다. 예컨대 깊은 산 무성한 숲에 있는 난초는 종일토록 향기를 피우지만 자신이 향기를 발한다는 것을 알지 못한다. 난초의 이러한 삶은 군자가 힘쓰는 위기지학의 뜻과 똑같다.(『퇴계집』)

깊은 산 무성한 숲에 홀로 피어난 난초가 남에게 향기를 자랑하기 위해 꽃을 피우지 않듯이, '천성' 그대로 꽃을 피우고 향내를 풍기는 자기 함양의 노력을 해야 한다. 장미꽃은 장미꽃대로, 안개꽃은 안개꽃대로 묵묵히 자기 모습을 꽃피워야 아름답다.

스티브 잡스도 말한다. "다른 사람들의 견해가 여러분 자신 내면의 목소리를 가리는 소음이 되게 하지 마십시오. 가장 중요한 것은 당신의 마음과 직관을 따라가는 용기를 가지는 것입니다."

'나다움'은 다른 사람들의 시선이나 사회적 통념에 나를 맞추느라 시간 낭비하는 것이 아니라, 나의 마음에서 자연스럽게 울리는 직관에 귀 기울이고, 그 모습대로 살아가는 것을 의미한다.

매 순간 스스로에게 자신이 하고 싶은 것이 무엇인지, 그것은 세상을 이롭게 할 수 있는지 절실히 물어야 한다. 물론 자기다움을 모르거나 찾아도 찾아지지 않는 경우도 있다. 그럴 때 우선 자신이 처한 현실에서 해야 할 것이나, 현실적인 도움이 미미하더라도 하고 싶은 것에 최선을 다하며 성공 경험을 쌓는 시도가 필요하다.

아울러 길을 찾지 못하더라도, 자신의 길을 찾기 위해 주의를 기울여야 한다. 길을 찾는 쉬운 방법은 전문가나 주변의 도움을 받는 것도 좋지만, 지금 내가 '하고 싶은 것'이 무엇인지 살피고, 하고 싶은 것에 관심을 두는 습관을 들이는 것이 의외로 효과적이다. 하고 싶은 것이 때로는 결과가 좋지 않더라도 현재 내가 하고 싶어서 하는 것이기 때문에 나의 내면의 소리에 집중할 수 있다. 해야 하는 것은 내가 아니지만, 하고 싶은 것은 나이므로, 하고 싶은 것에 집중하면 점차 참다운 자기다움을 자각하여 자유롭게 살아가는 데 도움이 된다.

나에게 편안한 길을 찾았다면, 내가 하고 싶은 것이 남도 하고 싶은 것인지, 내가 편안하게 여기는 길이 남도 편안한 길인지 점검해야 한다. 본심에서 자연스레 드러나는 감정은 타자와 조화롭게 공존하여 세상을 이롭게 하는 감정이다. 하고 싶은 것에 최선을 다한 삶은 과정 자체가 목적이고 의미가 있다.

흥미롭게도 위기지학은 '즐거움'은 덤이다. 『논어』는 '학습'의 결과를 기쁨이라고 말한다.

배우고 때때로 익히면, 또한 기쁘지 아니한가!

學而時習之, 不亦說乎!(『논어』「학이」)

다른 사람에게 보이기 위한 공부는 기쁨을 주지 못한다. 결과를 위해 참고 견뎌야 할 과정에 불과하다. 그러나 배움을 통해 나다움을 완성하면 결과의 좋고 나쁨과 무관하게 공부 자체가 기쁨을 준다. 참 나와 마주하여 나의 존재 이유를 확인하는 데에서 오는 기쁨이다. 게다가 '학습'의 결과는 기쁨의 확장이기도 하다.

벗이 먼 곳으로부터 오니 또한 즐겁지 아니한가!

有朋自遠方來, 不亦樂乎!(『논어』「학이」)

상대방을 진심으로 좋아하고 아껴주며 관심 가져주는 친구는 그가 힘이 세거나 돈이 많아서도 아니고 이익될 만한 것이 있어서도 아닐 것이다. 자기답게 살면서 바른 행동을 하기에 만나고 싶어 저절로 찾게 되는 것이다. 그러니 만나면 즐겁고 뜻이 같으니 기쁘다. 배움의 과정이 고통스럽다면 지금 하는 공부가 남을 위한 공부인지 나를 위한 공부인지 돌아볼 필요가 있다. 나다움을 찾아가는 공부는 결과의 좋고 나쁨과 무관하게 그 자체가 기쁨을 준다. 나를 위한 공부는 그것이 무엇이든 자체가 목적이고 과정도 의미 있다. 게다가 즐거움은 덤이다.

3. 최선을 다했는가

1) 주저 말고 지금하라

혹시 살면서 후회하는 순간이 있었는가? 있었다면 언제였는가? 해서는 안 될 일이라면 당연히 시작해서도 안 되겠지만, 하고 싶은 것이나 해야만 하는 것을 주저하다 시작조차 안 하고, 하더라도 중도에 포기했다면 아쉬울 것이다. 때로는 하더라도 건성건성 하는 둥 마는 둥 시간만 허비했다면 또한 후회할 것이다. 후회 없이 삶을 살아가는 비결은 무엇일까. 공자는 말한다.

남이 한 번에 그것을 해내면 나는 백 번의 노력을 기울이고, 남이 열 번에 그것을 해내면 나는 천 번의 노력을 기울인다.
人一能之, 己百之. 人十能之, 己千之.(『중용』)

남이 한 번에 무언가를 해내거나 열 번 만에 성과를 낸다는 것은 그 방면에 탁월한 재능을 지녔거나, 이전부터 쌓아온 경험들이 힘을 발휘하기 때문일 것이다. 분명 같이 시작했는데 손쉽게 해내는 것을 보면 부럽기도 하고, 해도 잘 안 되는 자신이 초라하다는 생각도 들 수 있다. 물론 조금의 노력만으로도 좋은 성과를 낸다고 해서 일을 대충대충 하는 것은 아닐 것이다. 힘을 상대적으로 덜 들일 뿐이지, 다른 곳에 몰입하여 힘을 나누어 쓰고 있을 것이다. 다만 상대적으로 어렵지 않게 성과를 이루다 보면, 자만에 빠져 노력을 소홀히 할 가능성이 있다. 그럴 경우 결국 노력한 자에 뒤처지게 된다.

문제는 노력해도 성과가 잘 드러나지 않는 경우이다. 해도 안 되나 보다라고 선을 긋고 포기하는 경우가 있다. 우려되는 것은 포기가 습관이 되면, 자신에 대한 자존감이 무너질 뿐만 아니라, 현실을 비난하는 부정적 인식도 자라날 수 있다. 스스로 자기 삶의 주인이 되고자 한다면 희망의 끈을 놓지 말아야 한다. 꿈꾸지 않고 시도하지 않으면 주어지는 대로 수동적인 삶을 살 수 있다.

'쇠뿔도 단김에 빼라'는 속담이 있다. 박힌 소의 뿔을 뽑으려면 불로 달구어 놓은 김에 해치워야 한다는 뜻으로, 어떤 일이든 하려고 마음먹었으면 한창 열이 올랐을 때 망설이지 말고 행동으로 옮겨야 함을 비유한 말이다. 자신의 희망을 명확히 했으면, 곧바로 시작해야 한다. 실행으로 옮겨야 소망은 현실이 될 수 있다. 공자는 말한다.

비유하자면 땅을 고르는데 흙 한 삼태기를 부어서 시작했더라도 나는 나아간 것이다.

譬如平地, 雖覆一簣, 進, 吾往也.(『논어』「자한」)

어떤 일의 최고 성과를 이루는 것은 움푹 파인 구덩이를 모두 메우는 일처럼 단번에 해내기 어렵다. 하고 싶거나 해야 할 일이 있다면 주저 말고 해야 한다. 뿌리를 먼저 튼튼하게 내려야 줄기가 나고 잎이 무성해지듯, 화려하고 웅장한 모습은 첫발을 내딛는 용기 있는 선택에서 시작된다.

현대그룹 창업주 정주영 회장은 불가능하다고만 생각하는 이들에게 "이봐, 해보기나 했어?"라고 질책했고, 이 말을 평소 입에 달고 다녔다고 한다. 1952년 2월 나무도, 풀 한 포기도 없는 엄동설한에 보리밭을 옮긴 일화는 유명하다. 미군으로부터 아이젠하워 미국 대통령이 한국에 방문하여 부산 UN군 묘지에 참배할 예정인데, 묘지에 잔디를 깔아 줄 수 있는지 제안을 받았다. 그러자 공사비 3배의 조건을 걸고 곧바로 낙동강으로 향했다고 한다. 모두 불가능한 일이라고 말할 때 물러서지 않고, 이제 막 피기 시작한 보리를 옮겨놓아 나무 한 그루 없던 묘지에 푸른색을 입힌 것이다.

2) 최선, 자신의 한계를 마주할 때까지

'작심삼일作心三日'이라는 말이 있다. 일을 시작했다고 하더라도, 지속적으로 하기는 쉽지 않다. 맹자는 본래 가지고 있는 것을 망각하고 함부로 행동하는 '자포自暴'자와는 함께 대화 나누기도 어렵고, 할 수 있음에도 할 수 없다고 스스로 한계 짓는 '자기自棄'자와도 함께 일을 도모하기 어렵다고 했다. 스스로를 믿고 굳세게 나아가야 한다. 남이 한 번에 해내면 나는 백 번 노력하고, 남이 열 번에 해내면 나는 천 번 노력해야 한다.

물론 객관적 한계는 존재한다. 노력을 강조하다 자신의 한계를 과대평가하고 지나치게 몰입하면 오히려 낭패를 볼 수 있다. 공자는 다음과 같이 말했다.

명을 알지 못하면 군자가 될 수 없다.

不知命, 無以爲君子.(『논어』 「요왈」)

군자는 명을 알아야 한다. 자기 역량을 넘어서고, 자기 자리가 아님에도 자신의 명이라 굳게 믿고 그 자리에 집착하고, 자신만이 해낼 수 있다고 착각하면, 명을 모르는 것이다. 금세 무너질 담벼락 옆에 서 있으면서 그것이 자신의 숙명이라고 말하는 경우와 같다. 욕심은 마음의 눈을 가려, 자신도 주변도 제대로 보지 못하게 하고, 스스로를 망치는 길로 이끈다. 자신을 성찰하고 욕심을 제거해 자기 천성대로 살아가기 위한 수신의 노력이 요구된다.

명을 알았고 임무를 부여받았다면, 엄중하게 수용하고 굳세게 실천하는 '외명畏命'의 자세를 가져야 한다. 욕심에 혹은 중압감에 주저하거나 외면하면 자기 임무를 방기하는 것이다. 엄숙하게 자신의 사명을 수용하고 그것을 완수하기 위해 매진해야 한다. 사명의 실현 과정은 순조롭지 않을 수 있다. 진심이 곡해되고 비난이 점철되어 외로울 수 있다. 남들의 평가에 일희일비하지 말고, 묵묵히 자기 길을 걸어가야 한다.

주어진 임무를 착실하게 수행하다 보면 객관적 한계인 운명과 마주하게 된다. 이상이 실현되는 것도 명이고, 중도에 좌절되는 것도 명이다. 운명은 시도도 하지 않거나, 하더라도 대충하고 요행만을 바라는 자들에게는 찾아오지 않는다. 자기 사명을 자각하고 실현하고자 최선을 다하는 이들에게 주어지는 선물이다. 임무를 다할 기회를 얻으면, 성급하게 성과를 내려고 하기보다 해야 할 것과 할 수 있는 것을 구분하고, 차근차근 해나가야 한다.

명은 순수한 마음을 지닌 사람만이 알 수 있고, 굳센 실천을 지속하는 사람만이 바르게 할 수 있다. 명은 자기다움의 역할을 다하면서 마주하게 되는 객관적 한계를 뜻한다. 자신의 한계는 부단히 노력한 사람만이 알 수 있다. 마지막까지 최선을 다한 자는 자신의 운명도 천명도 알게 될 것이다.

그래서 공자는 일의 성공을 흙을 쌓아 산을 이루는 것에 비유하였다.

> 비유하자면 산을 만드는 데 흙 한 삼태기가 모자라 이루지 못하고 그만두더라도, 나는 그만둔 것이다.
>
> 譬如爲山, 未成一簣, 止, 吾止也.(『논어』「자한」)

이처럼 자신의 한계를 마주하는 순간까지 노력하는 것이 중요하다고 강조한다. 인공적으로 산을 만드는 일은 어렵다. 중장비가 없으면 삼태기로라도 자기 분수에 맞게 흙을 옮겨야 결실을 볼 수 있다. 그런데 마지막 한 삼태기를 채우지 못하고 그만두면 그것은 중도에 포기한 것과 같다. 마지막 순간까지 최선을 다해야 한다. 부단한 노력을 통해 자신의 소망을 위해 도전하면 감동의 깊이는 동일하다.

살다 보면 분명 태어나면서 능력이 출중한 자도 있고, 배워서 할 수 있는 자도 있고, 자질이 부족하여 부단한 노력 끝에 비로소 가능한 자도 있다. 자신이 그 분야에 탁월한 재능을 지녔다면, 재능만 믿고 노력하지 않으면 좋은 성과를 낼 수 없다. 자만하지 말아야 한다. 선천적으로 능력이 부족한 사람이라면 자포자기하여 중도에 그만둘 수 있으니, 끈기를 가져야 한다. 시작이 다르다고 우쭐대거나 주눅들 필요도 없다. 출발점은 분명 다르지만 훌륭한 성과를 내고 최고 경지에 이르는 것은 누구에게나 열려있는 공평한 기회다.

하고 싶은 일, 해야만 하는 일이 있다면, 시작에 주저하지 말아야 한다. 과감히 발을 내딛고, 힘차게 나아가야 한다. 그리고 자신의 최대치까지 혼을 바쳐 열정을 다하는 노력을 기울여야 한다. 지나온 삶에 대해 후회를 줄이는 유일한 비결, 지금 바로 여기에서 최선을 다하는 데 달려 있다.

8장

공부로 새로워지다

날마다 새롭게 하고 더욱 날로 새롭게 하라

日日新, 又日新 −『대학』

1. 세상과 하나 되는 길

1) 자기의 자리를 지켜라

동아시아에서 공동체는 인간과 사회를 넘어 전 우주를 대상으로 한다. 우리를 둘러싼 촘촘한 관계의 그물망은 언제나 자연 속에서 인간의 삶을 조망하는 기본 틀이었다. 자연이라는 전체와 분절되어 마음대로 살다 가는 것이 아니다. 따라서 인간은 대자연의 일부이면서 소우주이다.

그러나 인간의 지위는 전체 생태계 속에서 동물이나 식물 등 여타 존재들과 똑같지 않다. 각 생명체를 구성하는 기질에 따라 특성의 차이가 있다. 유학, 특히 성리학자들의 설명에 따르면 가장 맑고 올바른 기氣가 응결된 인간은 인의예지신仁義禮智信의 도덕성을 모두 갖추고 있는 영험한 존재다.

천지 사이의 만물 중에 오직 사람이 가장 귀하다. 사람이 귀한 까닭은 오륜이 있기 때문이다.(『동몽선습』)

이와 달리 동물은 상대적으로 탁한 기로 이루어졌다. 그로 인해 도덕의식 없이 다만 혈기에 의한 지각활동만 수행하기에 동물은 도덕적 수치를 따질 수 있는 능력이 없다. 이 때문에 사람에게 '무례하다'거나 '짐승 같은 놈이다[인면수심人面獸心]'라는 딱지는 가장 큰 욕이었다. 혈기나 지각능력이 없는 식물은 말할 것도 없다.

이처럼 생태계 안에서 종種의 차이를 구분하고, 인간의 지위를 상대적으로 높게 보았던 것은 자연에 대한 인간의 책임의식과 맞물려 있다. 생태계는 경쟁이나 투쟁의 관계라기보다 상호협력과 의존을 통한 공생관계에 있다. 여타 존재자에 비해 상대적으로 지혜롭고 총명한 자질을 타고난 인간이 어떻게 하느냐에 따라 자신과 주변을 변화시켜 나갈 수 있다. 진리를 넓힐 수 있는 힘은 사람의 손에 달려 있지 진리가 사람을 넓혀주는 것이 아니다.

『중용』에서는 천지변화에 동참하고 만물을 길러주는 인간의 주체적 힘에 대해 다음과 같이 말하고 있다.

기쁨·노여움·슬픔·즐거움의 감정이 아직 드러나지는 않는 것을 중中이라 하고, 발현되어 절도에 들어맞는 것을 화和라 말한다. 중이란 천하의 큰 근본이며, 화란 천하의 공통된 표준이다. 중과 화에 이르면 천지가 제자리에 서고 만물이 길러진다.(『중용』)

유학에서는 기쁨·노여움·슬픔·즐거움 등 인생사에서 겪게 되는 감정의 진폭을 부정하지 않는다. 무조건 참는 것을 되풀이하기보다는 상황에 따른 절제 여부에 관심을 둔다. 즉 배고플 때 먹고 싶고 졸릴 때 자고 싶은 욕구는 정당하다. 하지만 이미 배가 불렀는데도 더 먹고자 하고, 이미 가진 것이 많은데도 더 채우려 하는 것은 부당하다고 보았다. "지나친 것은 부족한 것과 같다[과유불급過猶不及]."는 표현도 여기서 나왔다. 과도한 욕망을 추구하는 것은 오히려 부족한 상태와 같다는 말이다. 물론 꿈을 높이 갖는 것은 필요하다. 하지만 현실의 눈높이를 맞춰가기란 결코 쉽지 않다. 공자가 "거친 음식을 먹고 맹물을 마시며 팔을 구부려 베고 누워도 즐거움이 그 중에 있으니, 불의하면서 부유하고 귀한 것은 내게 뜬구름과 같다."(『논어』)고 여긴 것도 자신의 욕망을 채우고 이롭게 하는 것이 아닌 올바름을 추구하는 데 가치를 둔 것이다.

이처럼 욕망의 정화를 통해 애초의 순수함을 회복하려는 수양에서 인간다움의 의미를 찾는다. 『중용』에 제시된 중과 화의 모습에서 그러한 경지를 찾을 수 있다. 일상에서 표출된 감정의 적절한 조절상태가 화和라면, 감정을 드러내기 이전의 흔들리지 않는 티 없이 맑은 순수한 심리상태가 중中이다. 이 때문에 중화의 마음은 하나의 보편적 표준이자 이상이다.

중화를 이룬 인仁의 마음은 타자에 대한 공감과 소통의 능력으로 확산된다. 또한 의로움으로 사회적 공정성을 향한 의지를 배양하며, 예로써 배려와 관용의 자세를 키운다. 그것을 위해 교육하고 훈련하는, 지혜로 가는 길은 결코 멈출 수 없다.

중화를 위한 마음가짐은 세계와 소통하는 마음을 절도에 맞게 확산시키면서 자기를 찾아가는 과정이다. 이러한 생각은 천지만물이 나와 한 몸이라는 인식이 있기에 가능하다. 그 결과 나를 포함한 모든 존재를 기르는 데 도움을 주는 참찬화육參贊化育의 경지를 바람직한 인간상으로 추구했다.

중화의 도덕률을 통해 이상적인 인격을 완성하려는 자세는 어느 상황에서나 필요하다. 누구나 촘촘한 관계의 그물망 속의 한 지점에 있다. 예외가 없다. 따라서 자신의 행위가 주변에 영향을 끼치기 마련이다. 무심코 내뱉은 한 마디 말이 남에게 깊은 상처를 주기도 한다. 남을 탓하기에 앞서 나 자신부터 먼저 돌이켜보는 수신修身이 필요한 이유이다.

공자는 활쏘기를 통한 수양의 자세를 말한다. 만약 과녁을 명중하지 못했다면 바람이나 상대방 탓이 아니라 마지막까지 집중을 못한 자신을 탓해야 한다. 또한 과녁을 꿰뚫는 힘의 등급이 아닌 과녁의 한 가운데인 정곡을 맞힐 수 있는 심리적 안정감을 중시했다. 진정한 힘의 원천이 어디에 있는지에 대한 통찰이다. 이처럼 공자는 자신을 되돌아보는 것을 도덕의 출발점으로 삼았다.

> 군자는 자신에게서 문제의 원인을 찾고 소인은 타인에게 문제를 떠넘긴다.
>
> 君子求諸己, 小人求諸人.(『논어』 「위령공」)

자신에게서 문제를 찾는다는 것은 자기 안에 답이 있음을 암시한다. 내가 내 아이를 무시하면 남들도 무시한다. 내가 빌미를 제공한 것이다. 내가 조직의 일부로서 최선을 다하면 개인의 이익뿐 아니라 전체의 발전에도 도움이 된다. 특히 자신의 역할이 중심점에 가까울수록 전체에 끼치는 영향력이 커지고 그에 비례해 책임감도 커진다. 사회지도층의 도덕성과 솔선수범이 강조되는 것도 그런 이유에서다. 이러한 책임의식은 특정한 사람만이 지니는 자세가 아니다. 사소한 행동 하나하나가 주변에 영향을 주기 때문에 사람은 누구나 공동체의 긴밀한 연관성을 의식하는 일상의 자세가 필요하다.

2) 대장부의 길

　바쁜 일상에 쫓겨 살다보면 정작 중요한 일을 놓치는 경우가 많다. 그런데 그때는 매우 중요한 일이었지만 돌이켜보면 하나의 수단에 지나지 않을 수도 있다. 중요한 것과 중요하지 않은 것, 목적과 수단을 분간하지 못한 탓이다. 일을 하기에 앞서 목적과 수단, 중요한 것과 그렇지 않은 것을 구분하는 것은 쉽지 않다. 자칫 작은 것에 현혹되어 정작 놓쳐서는 안 될 것을 놓치는 소탐대실小貪大失에 빠질 수도 있다.

　맹자는 하늘이 준 벼슬을 누구나 가지고 있다고 말한다. 세태에 휩쓸려 하늘이 준 벼슬을 잃어버리거나 함부로 해서는 안 된다.

　　하늘이 준 벼슬[천작天爵]도 있으며 사람이 주는 벼슬[인작人爵]도 있다. 사랑·정의·충실·신뢰와 선을 좋아하기를 게을리 하지 않는 것은 하늘이 내린 벼슬이다. 반면에 공·경·대부 등은 사람들이 주는 벼슬이다. 옛날 사람들은 하늘이 내려준 벼슬을 갈고 닦음에 사람이 주는 벼슬이 뒤따라 왔다. 그런데 오늘날 사람들은 하늘이 준 벼슬을 닦아서 사람들이 주는 벼슬을 구하고, 이미 사람이 주는 벼슬을 얻으면 하늘이 준 벼슬을 내다버린다. 아주 잘못된 것이며 마침내 반드시 망할 것이다.(『맹자』「고자」)

　박수칠 때 떠나라는 말이 있다. 적당할 때 끝내면 좋을 것을 자신이 아니면 안 된다는 고집으로 애써 붙들고 늘어지면 다양한 문제가 발생한다. 이처럼 권력이나 지위, 명예 등 세속의 가치에 사로잡히다 보면 정작 중요한 것들을 놓친다. 맹자는 권력이나 사회적 지위를 동경하지 않았다. 우리 마음속에 하늘이 내려준 벼슬인 천작天爵이라는 큰 가치가 있기 때문이다. 바로 사랑과 정의, 충실과 신뢰 그리고 선을 향한 긍정적 마음가짐이 그것이다. 하늘로부터 부여받은 도덕적 힘은 무엇과도 바꿀 수 없는 소중한 자산으로, 누구에게나 주어진 것이다. 여기에는 차이가 없다. 다만 이것을 소중히 여기느냐 아니냐의 차이가 있을 뿐이다.

당시 맹자는 제나라에서 객경의 벼슬을 하였고, 각 나라에서 원로로 대접받고 왕을 접견하는 위치에 있었다. 많은 유세가들이 지위와 권력을 탐해 세 치 혀로 자신의 영역을 넓히려 애썼지만 맹자는 그것에 마음 두지 않았다. 제자인 공손추가 맹자에게 제나라의 재상이 된다면 마음이 동요되지 않겠냐고 질문을 했을 때, 마흔이 넘어 마음이 움직이지 않고 흔들림이 없는 부동심不動心에 이르렀다고 한 것도 그 때문이다.

대부분의 사람들은 사회적으로 인정받는 높은 자리를 얻으려 애쓰고, 한번 얻으면 빼앗기지 않으려 안간힘을 쓴다. 하지만 십 년 가는 권세 없고 열흘 붉은 꽃이 없다[권불십년 화무십일홍權不十年 花無十日紅]. 그럼에도 부나방처럼 권력을 향해 덤벼드는 사람이 많은 세상이다. 그들 중 하늘이 준 도덕적 벼슬인 천작에 관심 갖는 자는 드물다. 사랑·정의·충실·신뢰와 선을 좋아하는 천작은 누구에게나 주어졌지만 노력하는 사람만이 지닐 수 있는 귀한 벼슬이다. 사람다운 마음가짐과 그 실천의 길을 따르는 인의仁義의 정신으로 가득할 때 비로소 자신의 것이 된다. 그로 인해 성숙한 인격자가 되고 많은 이들이 그와 함께 하고자 한다. 그 길을 따르면 의도된 겸손이나 자리에 연연하는 초조함도 줄어든다. 보여주기 위한 힘겨운 노력이 아니라 내면으로부터 우러나오는 진정한 가치가 있기 때문이다. 맹자는 현실에 연연하지 않고 세상의 중심에 우뚝 선 대장부의 결기어린 기상을 다음과 같이 말한다.

> 천하라는 넓은 집에 거처하며
> 천하의 바른 자리에 서며
> 천하의 큰 도를 행하여
> 뜻을 얻으면 백성과 함께 도를 행하고
> 뜻을 얻지 못하면 홀로 그 도를 행하여
> 부귀가 마음을 방탕하게 하지 못하며
> 빈천이 절개를 변하게 하지 못하며
> 위압과 무력에도 지조를 굽히지 않는 것
> 이를 대장부라 이른다.(『맹자』「등문공」)

이 얼마나 호방한 기상인가? 유학적 소양을 지닌 지식인들의 자기 성숙과 타자 완성을 위한 마음가짐은 남달랐다. 조선의 진정한 선비[진유眞儒]들의 모습이 그러했다. 부귀와 빈천에 흔들리지 않고 초연했으며, 정의롭지 못한 현실과 타협하지 않는 곧은 지조를 갖추었다. 그들은 현실정치에 참여할 기회를 얻으면 기꺼이 나아가 당당히 소신을 펼쳤으며, 그렇지 못하면 홀로 그 도리를 실천하는데 주저하지 않았다. 국가의 원기元氣로서 천하를 거처로 삼았고, 성큼성큼 걸어가는 그 길이 천하 공동체를 위한 길이 되었다. 세상과 하나가 된 것이다.

2. 일상이 배움터다

1) 하나에 오롯이

'청출어람青出於藍'이라는 말이 있다. 푸른 물감은 쪽풀에서 얻지만 쪽풀보다 더 파랗고, 얼음은 물로 이루어졌지만 물보다 더 차갑다. 곧은 나무라도 이리저리 굽혀서 다양한 기구를 만들어내듯 후천적인 교육을 통해 얼마든지 변화 가능한 것이 사람이라는 말이다. 더 큰 인재로 혹은 더 좋은 인격자로 변화시키는 힘은 교육에 달려 있다.

공자가 추구했던 공부는 지식의 축적이나 남들보다 앞서나가기 위한 배움이 아니었다. 실천으로 드러나지 않는 지식은 무의미할 수 있다. 학문은 실천을 위한 밑거름일 뿐이다. 그러므로 배움은 일상에서 시작한다. 삶을 벗어난 지식 축적은 그리 큰 의미를 지니지 못한다. 삶이 배움터다. 공자는 말한다.

제자는 들어와서는 효도하고 나가면 공손하며 삼가고 미덥게 하며, 널리 사람들을 사랑하되 어진 사람과 친해야 하고, 행하고서 남은 힘이 있으면 글을 배워야 한다.

弟子入則孝, 出則弟, 謹而信, 汎愛衆, 而親仁. 行有餘力, 則以學文.(『논
어』「학이」)

집에서는 부모를 잘 섬겨 효도하고, 밖에서는 형과 어른에게 공
손히 대해야 하는 것이 공부의 출발점이다. 아울러 행동거지는 반
드시 삼가고 일정함을 보이며, 말은 항상 믿음직스럽게 해서 실상
이 있도록 하며, 남을 미워하지 않고 사랑하며, 어진 사람과 친하게
지내어 보탬이 되는 방향으로 나아가야 한다. 진리는 책 속에만 있
지 않다. 일상에서 최선을 다해도 부족함이 없기에, 이 모든 것을
행하고 남은 힘이 있을 때 글을 배우라고 말한 것이다.

율곡도 『격몽요결』에서 말한다. "요즘 사람들은 학문이 일상생활
에 있다는 것을 알지 못하고, 높고 멀어서 실천하기 어려운 것이라
고 망령되이 여긴다. 그 때문에 다른 사람에게 미루고, 스스로 편안
히 하여 포기하니 어찌 불쌍하지 않은가?" 배움이 일상생활에 있음
을 깨달을 때 우리의 배움은 진실해지고 깊이를 더해간다. 배움이
일상과 무관할 때 그 배움은 고립될 수 있다.

이에 선현들은 땅에 물 뿌리고 비로 쓸며, 사람들과 응대하고 나
아가고 물러나는 일상의 비근한 곳까지도 결코 소홀히 하지 않았
다. 나아가 평상시에 동요됨 없이 마음을 고요하게 유지하는 '경敬'
의 노력을 중시하였다.

물결도 일지 않은 잔잔한 호수나 티끌도 없는 맑은 거울처럼, 과
거의 고착된 편견이나 미래의 잘못된 예단 등의 잘못된 생각을 일

어나지 않게 하는 것이 경이다. 공자는 네 가지 폐단이 없어 마음이 고요했다고 말한다.

> 사사로운 의도가 없고, 반드시 그래야 한다는 것도 없으며, 고집하는 것도 없고, 자기에만 갇히는 것도 없다.
> 毋意, 毋必, 毋固, 毋我.(『논어』「자한」)

사사로운 의도와 반드시 그래야 한다는 것은 아직 일어나지 않은 미래 일에 대해 섣부른 예단을 하는 경우이다. 일이 발생하기 전에 그럴 것이라는 예단을 하게 되면 점차 반드시 그래야 한다는 마음으로 확장된다. 이런 상태에서 일을 마주하면 자기만의 편견으로 판단하여 일을 그르칠 수 있다.

고집하는 것과 자기에만 갇히는 것은 이미 일어난 과거 일에 대해 고착화된 편견을 지니는 경우이다. 일이 발생한 후에 마음에 편견이 남아 있으면 점차 자기에만 갇히게 된다. 상대가 변화했음에도 과거에 머물러 관계 맺음을 할 수 없다.

맑은 거울은 마주한 대상을 온전히 비추다가 대상이 바뀌면 이전 사물의 흔적을 남기지 않고 새로운 대상을 비춘다. 마음도 거울처럼 지금 바로 여기에만 감응하는 것이 본질이다.

겹겹이 쌓인 먼지와 때를 닦아야 거울 기능을 할 수 있듯, 마음이 혼잡하지 않고 고요해야 마주한 대상을 왜곡 없이 비출 수 있다. 밝은 마음은 내면의 순수 자아로부터 뻗어져 나오는 밝은 빛과 같다.

성리학을 주창한 정이도 경을 중시했다. "경은 다만 하나에 집중하는 것이니, 하나에 집중하면 동으로도 가지 않고 서로도 가지 않는다."(『근사록』)라고 했다.

마음은 한순간에 천리 밖으로 달아나기도 하고 잠깐 사이 과거와 미래를 왔다 갔다 한다. 책을 읽을 때도 그렇다. 어느 때는 한 부분만 반복해서 읽고 있다. 눈은 책에 있지만 마음은 이미 떠나있다. 이럴 경우 종일 책을 붙들고 있어도 내용을 알지 못한다. 그래서 숙종에게 경서를 강의하던 김창협은 마음을 하나에 집중할 수 있어야 학문을 할 수 있다고 말한다.

점 하나를 찍을 때는 마음이 다만 한 점 위에 있어야 하고, 한 획을 그을 때에는 마음이 다만 한 획 위에 있어야 합니다. 이것이 이른바 주일무적입니다.(『숙종실록』)

'주일무적主一無適'은 하나에 집중하여 마음이 다른 데로 가지 않게 하여, 지금 바로 여기에 마음을 두는 공부이다. 한 점을 찍고 한 획을 그을 때 마음도 붓에 따라 그 순간에 집중하면, 혼잡해진 마음이 어느새 차분해져서 현재를 제대로 볼 수 있다.

진리는 일상의 현장에서 찾아야 한다. 끝없는 흔들림 속에서도 옳음을 찾는 지혜가 필요하다. 마치 나침반처럼. 북극을 가리키는 나침반은 늘 떨고 있다. 나침반의 떨림은 어느 상황에서도 북극을 향하기 위한 부단한 몸부림이다. 경은 나침반의 바늘이 북극을 가리키는 것처럼 다양한 상황과 흔들림 속에서도 옳음을 유지하는 것이다. 만일 한곳에 고정되어 그 흔들림이 멈춰서, 고민도 의문도 없이 자신만이 옳다고 여길 때 한쪽으로 치우치게 된다. 떨림이 없는 나침반은 쓸모가 없듯이 치우침은 더 이상 경이 아니다. 경의 자세로 만물의 이치를 터득할 때 앎에 이르고, 나를 알고 성을 알며 하늘을 알게 된다. 지혜는 이렇게 열린다.

2) 일상의 확장, 독서

단순히 책상 앞에 오래 앉아 있는 것만으로는 충분한 공부라 할 수 없다. 때로는 어떤 일에 몰입하는 경우도 있지만, 삶의 대부분을 주변과의 관계 속에서 살고 있기에 변화하는 현실과 맞물려 생각해야 한다. 일상을 떠나지 않고 그 속에서 인간다움을 실현하려는 공자의 이상은 동시대를 이해하고 더불어 살아가는 것에 만족하지 않는다. 때로는 독서하여 의리를 밝히고, 때로는 고금의 인물들을 논하여 옳고 그름을 따졌다. 공자는 말한다.

> 옛 것을 알고서 새 것을 알면 스승이 될 수 있다.
> 溫故而知新, 可以爲師矣.(『논어』「위정」)

당대는 물론이고 위로부터 이어져 내려오는 도도한 물줄기를 이해하고 그 속에서 자신의 도덕 판단 능력을 배양시켜 나갔다. 이미 지나온 앞 시대는 좋든 싫든 후대에서 반추해볼 수 있는 좋은 귀감이었던 것이다.

선현들과 벗하는 '상우尙友'의 자세는 현실에서 자신의 선택지를 넓혀갈 수 있는 자료로 활용되었다. 고전의 독서는 나와 또 다른 일상을 연결해주는 힘이다.

고전은 오래된 옛사람들의 작품만을 지칭하는 것은 아니다. 모범이 되는 가치를 담고 있는 글이라면 모두 고전이다. 시공을 초월하여 공감의 즐거움을 줄 뿐만 아니라, 자기 삶을 의미 있고 풍요롭게 하는 지혜의 보고다.

20세기 초반 삼류대학으로 치부되던 시카고대학이 고전 100권을 읽어야 졸업할 수 있다는 '위대한 고전The great books' 프로그램을 도입한 후 수많은 노벨상 수상자를 배출한 명문대학으로 도약하였다. 문화 융성의 꽃을 피운 조선시대 선현들도 새로운 지식 창조가 고전학습의 기초로 이루어진다고 생각하여 이치탐구와 자아성찰을 위한 독서공부를 강조하였다.

고전의 가치가 다시금 부각되고 있다. 고전 읽기는 성찰적 사고와 비판적 사고를 독려하여 정신을 맑게 하고 사고의 힘을 일깨워서 이상적인 인격과 조화로운 사회 완성을 위한 공부의 기초가 될 수 있다. 특히 성현의 지혜가 담긴 고전을 읽으면 마음이 맑아지고 기운도 평화롭게 된다. 매일 먹는 한 끼 밥이 시나브로 몸을 윤택하게 하듯, 독서는 삶의 순간마다 나를 지탱해 주고 방향을 제시해 주는 좋은 스승이자 벗이 될 수 있다. 다산 정약용은 말한다. "오직 독서 한 가지 일이, 위로는 옛 성현을 좇아 짝할 수 있게 하고, 아래로는 백성을 길이 깨우칠 수 있게 하며, 신명의 상태를 통달하게 하고, 왕도의 계책을 도울 수 있게 한다."(『다산시문집』) 독서는 자기 수양과 현실정치 개혁을 위한 지혜의 보고다.

고전을 가까이하는 방법에는 세 가지 요령이 있다. 첫째, 많이 읽어야 한다. 선현들은 책을 읽을 때 '상구上口'의 방식을 취하였다. 소리 내어 입에 올려야 한다는 의미이다. 한두 번 훑어보고 안다고 자만해서는 안 된다. 빨리 읽으려 조급할 이유도 없다. 음과 뜻을 분명하게 파악하면서 한 번에 몇 줄을 읽을지 몇 번을 읽을지 정해 놓고, 눈으로 보면서 입으로 읽어야 한다. 너무 큰 소리로 읽을 필요는 없다. 자기 숨에 맞게 음과 뜻을 새기면서 또박또박 읽어야 한다. 선현들은 평생 고전을 삼천 번 혹은 만 번을 소리 내어 읽어가며 익숙하게 하였다고 한다.

물론 책 한 권을 끝까지 읽는 것은 쉽지 않다. 영문법 책에 'to 부정사' 부분만 빨간 줄과 필기흔적이 가득한 경우가 허다하다. 의지가 약해서이기도 하겠지만, 처음부터 너무 세밀하게 읽다보니 진도가 나가지 않은 경우이기도 하다. 산 전체를 조망하듯 처음에는 책 내용의 큰 얼개를 읽고, 점차 세밀하게 집중하여 읽을 필요가 있다. 처음부터 골짜기에 피어오르는 물안개를 분석하느라 시간을 소비해서는 안 된다. 이어 좋은 내용에 줄을 쳐 놓듯 미루어 생각하고 헤아려 이치를 탐구해야 한다. 많이 읽는데 집중하다 보면 책의 내용을 대충 파악하는 경우가 있다. 익숙하게 읽으면서 내용을 자세히 탐구하여 요약해야 책의 핵심을 파악했다고 할 수 있다.

둘째, 마음으로 읽어야 한다. 책의 의미를 정확히 파악했다고 하여 그것이 바로 유용한 것은 아니다. 그 지식은 아직 나와 무관하다. 고전의 현재적인 의미를 자기 삶에 비추어 보아 스스로 체득해야 한다. 책의 정확한 의미를 파악하되, 지금 바로 여기에서 어떤 의미가 있는지 곱씹어 보아야 한다. 성급히 의문을 해결할 필요는 없다. 되풀이해서 읽고, 손으로도 써보면 도움이 된다. 손이 움직이면 마음이 따라가서 의미가 명확해 질 수 있다. 독서를 통해 체득한 지혜는 나를 혁신하여 지혜로운 나를 가능하게 한다. 사욕에 휘둘리지 않고 오직 맑은 마음을 간직하게 도움을 주어 창조적 지혜를 갖춘 나로 성장할 수 있다. 그러니 체득한 진리는 변화하는 상황을 분명하게 분별할 수 있게 하여, 늘 새로운 모습으로 사물의 이치를 밝혀 준다.

　마지막으로 몸소 실천해야 한다. 아는 것이 머리에만 맴돌면 바쁜 일상에 몰입하다 어느새 망각하기 쉽다. 생각에서부터 옳음을 명확히 분별하고 행동으로 이어지도록 독실하게 실천하면, 어느 순간 고전의 지혜가 마치 내 입에서 나온 것처럼 나와 하나가 되어, 고전과 내가 모두 새롭게 의미를 지니게 될 수 있다.

3. 앎을 삶으로

1) 생각부터 바르게

　악취를 맡으면 코를 막고, 꽃을 보면 좋아하듯 선을 좋아하고 불선을 싫어하는 것이 사람들의 일반적인 경향이다. 물론 반대 경우도 있다. 예쁜 꽃을 싫다 하고, 나쁜 냄새를 향기롭다 여기듯 그른 것을 옳다 하고 옳은 것을 그르다 하는 경우이다. 욕심 등의 잘못된 마음이 본심을 가로막아 착각을 일으켰기 때문이다. 생각이 옳은지 그른지 살피고, 옳은 생각을 간직하는 실천이 필요하다.

앎이 잘못되면 애써 마음을 고요하게 했다 할지라도, 대상을 만나자마자 편견이 작동한다. 성급히 옳음을 단정하기보다 대상을 사실대로 직시하고, 마음을 수렴하며 종합적으로 성찰하는 여유가 필요하다.

『대학』에서는 마음에 드러난 생각을 참되게 해야 한다고 말하고, '스스로를 속이지 말 것[무자기無自欺]'을 강조한다. 또한 '홀로 있을 때조차도 신중히 할 것[신독愼獨]'을 당부한다.

소인은 한가하게 거처할 때 좋지 않은 행동을 마음대로 하다가, 군자를 본 뒤에는 언제 그랬냐는 듯 나쁜 행동을 감추고 착한 행동을 드러낸다. 하지만 사람들이 자기 보기를 마치 그 폐와 간을 보는 것처럼 하니, 감춘다고 무슨 이로움이 있겠는가? 이를 일러 속에서 성실하면 겉으로 나타난다고 한다.

대부분의 사람들은 혼자 있을 때 마음을 놓는다. 그러다가 보는 눈이 있으면 자세를 고치거나 행동을 바르게 한다. 그러나 사람들이 자신의 마음을 볼 수 없다고 여기는 것은 착각이다. 혼자 있을 때 생각 없이 했던 행위마저도 남들이 알 수 있다. 잠깐 바르게 행동하고 이내 감춘다고 속일 수 없다. 마음은 눈을 통해 잘 드러날 뿐만 아니라, 얼굴 표정, 말투, 행동거지 등을 통해 온전히 드러나고 있다. 숨길 수가 없다. 따라서 언제 어디서든 신중하게 행동해야 한다. 초학자들이 마음을 살피는 공부를 지속하기 위해서는 CCTV가 자신의 마음을 녹화하고 있다고 가정하듯 다른 사람이 나의 마음 상태를 훤히 꿰뚫어 보고 있다고 생각할 필요가 있다. "열 사람의 눈이 보는 바이며, 열 사람의 손이 가리키는 바이니, 무섭구나!"(『대학』)라고 한 증자의 말처럼 자신을 속이지 않고, 행동거지를 성실하게 하는 것이 마음을 바르게 하고 바른 마음을 지니는 길이다.

또한 『대학』에서는 성의誠意 공부를 위해서 먼저 앎을 바로 세워야 한다고 하였다. 가고 있는 방향이 명확해야 잠시 길을 잃더라도 다시 목표를 향해 나아갈 수 있듯, 선과 악에 대한 기준을 확립하는 '치지致知'가 선행되어야 생각을 참되게 하는 성의 공부도 가능하다. 나아가 앎을 지극히 하는 것은 사물의 이치를 치밀하게 파고드는 '격물格物'이 우선되어야 한다고 말한다.

사물의 이치를 탐구하려면 사고가 사물에 머물러 있어야 한다. 사고는 자기 안의 관념 속에서 진행되는 것이 아니다. 나의 생각은 끊임없이 변화하는 외부 사물과의 만남 속에서 변화하고 있음을 느껴야 외부 사물과 실질적인 감응을 하는 살아있는 생각이 된다고 할 수 있다.

'격물' 공부는 사물의 이치를 탐구하여 앎의 기준을 확립할 뿐만 아니라 생각하는 힘을 길러준다. 바르게 생각하는 자세는 자기의 주관적인 개념으로 사물을 인식하는 것이 아니다. 사물과 내가 일치하는 것이고 사물을 있는 그대로 바라보면서 변화의 과정에 내재한 법칙을 탐구하는 것이다. 그러면 사물과 내가 합일되어 세계가 나의 마음에서 새롭게 창조될 수 있다.

2) 배우고 익히고 다지기

사람다움의 이상을 갖추기 위해 노력하는 자를 '군자君子'라고 한다. 공자는 수신의 노력으로 마음을 바르게 하고, 마음을 행동으로 지속하여 훌륭한 인격을 갖춘 군자는 내면과 외면이 일치한다고 말한다.

> 본바탕이 외형보다 지나치면 촌스럽고, 외형이 본바탕보다 지나치면 꾸미는 것만 잘한다. 본바탕과 외형이 적절하게 조화되어야 군자이다.
>
> 質勝文則野, 文勝質則史. 文質彬彬, 然後君子.(『논어』「옹야」)

본바탕은 질박하고 순수한 것이 좋다. 그렇지만 외형을 꾸미지 않으면 현실과 동떨어진 듯 보인다. 그러면 사회생활에 지장을 초래한다. 반대로 외형에만 집착하면 교언영색巧言令色에 가까워진다. 그러면 인간성을 의심받는다. 따라서 두 가지를 적절하게 조화시켜야 한다. 외형에 대한 관심만큼 필요한 것은 내면을 가꾸는 일이다.

덕이 있는 군자는 하나의 용도로 제한되는 그릇이 되어서는 안 된다고 말한다. 자공이 자신이 어떤 그릇인지를 스승인 공자에게 묻자, 종묘제사에 사용되는 귀중하고 화려한 호련瑚璉이라고 평가한다. 반면 재여 같이 낮잠이나 즐기는 제자에게는 썩은 나무에는 새기지 못할 것이며, 썩은 흙으로 쌓은 담장은 곱게 흙손질할 수 없다고 비판하였다. 비록 역설적 비유를 통해 제자를 책망한 것이지만, 공자의 교육은 이토록 제자마다 다양했고 각자를 계발시키는 측면이 있었다. 그러나 어느 특정분야에 드러나는 상대의 장점을 인정하기도 하지만, 공자는 궁극적으로 전인교육을 지향한다. 한 가지 능력만으로 명성을 날리는 것보다는 본질부터 현상까지 모두 통달하여 기본기도 충실하고 다양하게 활용할 수도 있는 포괄적 인재를 원했던 것이다. 공자가 말하는 군자는 모든 면에 통달하는 것을 목표로 하기에 세세하게 얽매이지 않는다. 그러므로 군자는 그릇으로 지칭할 수 없다고 말했던 것이다.

그래서 공자는 향원은 덕을 해치는 자라고 단언한다. 향원은 고을에서나 인정받는 고만고만한 사람을 말한다. 즉 고을 사람들이 모두 후덕하고 신뢰할 만한 사람이라고 말하지만 실상은 가진 덕도 부족하고 신뢰할만한 부분도 적은 사람이다. 그는 겉으로는 청렴하고 초월한 듯하지만, 내심으로는 은근히 남들을 무시하고 기회를 노리는 사람일 수도 있다. 공자는 그와 같은 사람을 덕을 해치는 사람이라고 직선적으로 비판한다.

덕을 갖춘 군자는 주저해서는 안 된다. 생각에서부터 정밀하게 살펴서 행동으로 이어지도록 독실하게 실천해야만 비로소 가능하다. 바른 앎은 생각에서부터 살피지 않으면 금세 수풀이 자라나 싹이 보이지 않듯, 나에게서 멀어져 간다. 이에 덕행으로 이름난 증자는 매 순간 세 가지 성찰을 하였다고 한다.

나는 날마다 세 가지로 나 자신을 성찰한다. 남을 위하여 일을 할 때 진실하지 않았는가? 벗과 더불어 교제할 때 미덥지 않았는가? 선생님께 전수받은 것을 익혔는가?

吾日三省吾身. 爲人謀而不忠乎? 與朋友交而不信乎? 傳不習乎? (『논어』「학이」)

남을 위해 일을 도모할 때, 목적성을 지니기 쉽다. 충은 속마음이 진실한가를 의미한다. 본심에서 우러나와 진심으로 남을 위하였는가. 벗과 사귈 때 반드시 필요한 덕목이 신이다. 믿음을 의미하는 신은 사람 인人과 말씀 언言으로 이루어진 글자로, 내뱉은 말을 지켜 신뢰를 쌓는다는 의미이다. 행동으로 표현해야 신뢰를 유지할 수 있다. 전해 받은 것을 익힌다는 것은 진리를 되새겨 자신의 것으로 만들어야 함을 말한다. 익힘을 의미하는 습習은 새의 깃털과 흰 백白으로 이루어진 글자이다. 새는 수백 수천 번의 날갯짓을 통해 날 수 있게 된다. 습이란 이런 것이다. 익히기까지는 많은 노력이 필요하지만, 익히면 자연스럽게 행하는 것이 습이다. 선생님으로부터 전수받은 것을 익혀서 앎이 자연스레 행동으로 드러날 때 앎과 삶이 일치하게 된다.

처음에는 낯선 것이라도 자꾸 쓰다보면 손에 익어서 자유자재로 부리게 된다. 반복해서 쓰다보면 자신도 모르는 사이에 몸이 먼저 반응한다. 그렇게 고통스럽지만 이미 익숙해진 것은 점차 편하고, 조금만 더 노력한다면 새로운 변용으로 활용될 가능성도 있다. 물론 어떤 물건을 물에 푹 담가두면 처음에는 겉만 젖지만 점차 속까지 젖어드는 것처럼 자연스러워져야 한다. 억지로 한 발만 딛고는 오랫동안 서 있을 수 없는 노릇이다.

배움과 실천은 동전의 양면과 같다. 공자는 말한다.

배우고 생각하지 않으면 어둡고, 생각하고 배우지 아니하면 위태롭다.

學而不思則罔, 思而不學則殆.(『논어』「위정」)

맞고 틀림, 혹은 그것이 내포하고 있는 의미들을 능동적으로 생각하지 않는다면 단순한 지식의 축적에 불과하다. 앵무새처럼 수동적으로 따라가는 배움은 자신에게 선명하게 남지 않아서 막막하고 여전히 어두운 상태가 된다.

이와 달리 스스로 생각만 할 뿐 적극적이고 지속적인 배우는 과정을 소홀히 하는 경우에도 문제는 있다. 검증받지 못한 주장은 때로는 주관적 편견이나 학문적 체계를 결핍하기 때문에 위태롭기는 마찬가지이다.

그러므로 우리는 배움과 생각함이 어느 한 쪽으로 치우칠 경우에 생기기 쉬운 어둡거나 위태로운 폐단에서 벗어나도록 해야 할 것이다. 마치 두 날개로 하늘을 날고 있는 새처럼 두 가지를 균형 있게 유지해 나가는 학문자세는 오늘날에도 여전히 유효한 지침돌이다. 배운 내용과 그 속에 담긴 이치를 곰곰이 따져보면서 자신의 경우에 비추어 생각하고 이해해야 한다.

인성가언

人性嘉言

배우고 틈틈이 익히면 기쁘지 않겠는가!
벗이 멀리서 찾아오면 즐겁지 않겠는가!
사람들이 알아주지 않아도 서운해 하지 않으면 군자가 아니겠는가!

〈논어 학이〉

學而時習之 不亦說乎!
학 이 시 습 지　불 역 열 호

有朋自遠方來 不亦樂乎!
유 붕 자 원 방 래　불 역 락 호

人不知而不慍 不亦君子乎!
인 부 지 이 불 온　불 역 군 자 호

Isn't it a delight to learn and practice what you have
learned. If your friends visit you from distant places,
aren't you pleased? If you are not hurt by someone
who ignores you, you deserve to be called a noble
man.

사랑한다면 수고롭게 하지 않을 수 있겠는가?
충성스럽다면 깨우쳐주지 않을 수 있겠는가?

〈논어 헌문〉

愛之 能勿勞乎? 忠焉 能勿誨乎?
애 지 능 물 로 호   충 언 능 물 회 호

If you cherish them, can you not strive for them?
If you are loyal to them, can you not educate them?

부모의 나이는 꼭 기억해야 한다. 한편으로는 기쁘기도 하지만,
한편으로는 두렵기 때문이다.

〈논어 이인〉

父母之年 不可不知也 一則以喜 一則以懼
부 모 지 년 불 가 부 지 야 일 즉 이 회 일 즉 이 구

You should remember the ages of your parents.
their presence is a reason for your joy, and their old
ages are a reason for your worries.

04

효도와 공경은 인을 행하는 근본일 듯하다.

〈논어 학이〉

孝弟也者 其爲仁之本與!
효 제 야 자   기 위 인 지 본 여

Filial piety and courtesy are the basic virtues of benevolence.

05

자신이 원하지 않은 일을 남에게 시키지 말라.

〈논어 위령공〉

己所不欲 勿施於人
기 소 불 욕   물 시 어 인

Do not do to others what you would not desire.

남을 사랑하는 사람은 남이 항상 사랑해 주고, 남을 공경하는 사
람은 남이 항상 공경해 준다.

〈맹자 이루〉

愛人者 人恒愛之 敬人者 人恒敬之
애 인 자　인 항 애 지　경 인 자　인 항 경 지

People love someone who loves others. People
respect someone who respects others.

즐겁지만 방탕하지 않게. 슬프지만 상처입지 않게.

〈논어 팔일〉

樂而不淫 哀而不傷
낙 이 불 음　애 이 불 상

Enjoy it without excess, mourn it without hurt.

뜻 있는 선비와 어진 사람은 자기 삶을 구하고자 인을 해치지 않으며, 자신을 희생하여 인을 이룬다.

〈논어 위령공〉

志士仁人 無求生以害仁 有殺身以成仁
지 사 인 인　무 구 생 이 해 인　유 살 신 이 성 인

Far-sighted officials and the benevolent do not harm benevolence to save themselves. Rather they sacrifice themselves to complete benevolence.

덕이 있는 사람은 외롭지 않다. 반드시 이웃이 있다.

〈논어 이인〉

德不孤 必有隣
덕 불 고　필 유 린

Virtuous men are not lonely. They are sure to have good neighbors.

말과 표정을 잘 꾸미는 사람 중에는 어진 사람이 적다.

〈논어 학이〉

巧言令色 鮮矣仁

교 언 영 색   선 의 인

Those who are good at embellishing their words and facial expressions are rarely benevolent.

오직 어진 사람만이 사람을 좋아할 수 있고 미워할 수 있다.

〈논어 이인〉

惟仁者 能好人 能惡人

유 인 자   능 호 인   능 오 인

Only the benevolent are able to truly like and dislike others.

우환에서는 살 수 있으나 안락 속에서는 죽기 쉽다.

〈맹자 고자〉

生於憂患 而死於安樂也
생 어 우 환   이 사 어 안 락 야

We might thrive in tough situations, but tend to perish in comfortable situations.

어진 사람은 어려운 일에 먼저 나서고 대가를 얻는 것을 뒤로 한다.

〈논어 옹야〉

仁者先難而後獲
인 자 선 난 이 후 획

The benevolent are proactive about difficulties and do not prioritize rewards.

선비는 도량이 넓고 뜻이 굳세어야 한다.
책임이 무겁고 갈 길이 멀기 때문이다.

〈논어 태백〉

士不可以不弘毅 任重而道遠
사 불 가 이 불 홍 의　임 중 이 도 원

Officials should be open-minded and resolute, since their duties are heavy and their paths are long.

사람이 도를 넓히는 것이지 도가 사람을 넓히는 것이 아니다.

〈논어 위령공〉

人能弘道 非道弘人
인 능 홍 도　비 도 홍 인

It is humans that broaden the Way. It is not the Way that broadens humans.

스스로를 해치는 사람과는 함께 말할 수 없고, 스스로를 버리는
사람과는 함께 일할 수 없다.

〈맹자 이루〉

自暴者 不可與有言也 自棄者 不可與有爲也
자 포 자　불 가 여 유 언 야　자 기 자　불 가 여 유 위 야

You'd better not talk with those who harm
themselves. You'd better not work with those who
discard themselves.

사람들은 개나 닭이 달아나면 찾을 줄 알지만 마음을 잃어버리면 찾을 줄 모른다. 학문의 길은 다른 것이 아니라, 그 잃어버린 마음을 찾는 것일 뿐이다.

〈맹자 고자〉

人有鷄犬放 則知求之 有放心而不知求
인 유 계 견 방　즉 지 구 지　유 방 심 이 부 지 구

學問之道 無他 求其放心而已矣
학 문 지 도　무 타　구 기 방 심 이 이 의

When people lose their chickens or dogs, they know to search for them. But when they lose their mind, they do not know to seek it. The way of learning is none other than a search for the lost mind.

측은히 여기는 마음은 인의 단서요, 옳지 않음을 미워하는 마음은 의의 단서요, 양보하는 마음은 예의 단서요, 옳고 그름을 가리는 마음은 지의 단서이다.

〈맹자 공손추〉

惻隱之心 仁之端也 羞惡之心 義之端也
측 은 지 심　인 지 단 야　수 오 지 심　의 지 단 야

辭讓之心 禮之端也 是非之心 智之端也
사 양 지 심　예 지 단 야　시 비 지 심　지 지 단 야

The sense of concern for others is the seed of benevolence; the sense of shame is the seed of righteousness; the sense of deference is the seed of propriety and the sense of right and wrong is the seed of wisdom.

군자는 두루 사귀고 편을 가르지 않으나, 소인은 편을 가르고 두
루 사귀지 못한다.

〈논어 위정〉

君子周而不比 小人比而不周
군 자 주 이 불 비　 소 인 비 이 부 주

A noble man is all-embracing and not partial. A
petty man is partial and not all-embracing.

군자는 조화롭게 하고 무조건 따르지 않으며,
소인은 따르기만 하고 조화롭게 하지 못한다.

〈논어 자로〉

君子和而不同 小人同而不和
군 자 화 이 부 동　 소 인 동 이 불 화

A noble man acts in harmony with others, but does
not seek the same as others. A petty man seeks the
same as others, but does not act in harmony with
others.

군자는 의로움에 밝고, 소인은 이익에 밝다.

〈논어 이인〉

君子喩於義 小人喩於利
군 자 유 어 의   소 인 유 어 리

A noble man is inclined to righteous things, and a petty man is inclined to profitable things.

군자에게는 세 가지 즐거움이 있으니 세상에서 왕 노릇 함은 이에 속하지 않는다.

부모가 모두 살아계시고 형제들에게 탈이 없음이 첫 번째 즐거움이요, 우러러 하늘에 부끄럽지 않고 굽어보아 남들에게 부끄럽지 않음이 두 번째 즐거움이요, 천하의 영재를 얻어 가르침이 세 번째 즐거움이다.

〈맹자 진심〉

君子有三樂 而王天下不與存焉
군 자 유 삼 락   이 왕 천 하 불 여 존 언

父母俱存 兄弟無故 一樂也
부 모 구 존   형 제 무 고   일 락 야

仰不愧於天 俯不怍於人 二樂也
앙 불 괴 어 천   부 부 작 어 인   이 락 야

得天下英才而敎育之 三樂也
득 천 하 영 재 이 교 육 지   삼 락 야

A noble man has three main joys, and to rule over the world is not part of them. The first joy is that two parents are alive and siblings are healthy. The second is to have no shame above to Heaven and down to the people. The third is to educate good students.

일정한 생업이 있는 사람은 떳떳한 마음이 있고, 일정한 생업이
없는 사람은 떳떳한 마음이 없다.

〈맹자 등문공〉

有恒産者 有恒心 無恒産者 無恒心
유 항 산 자 유 항 심 무 항 산 자 무 항 심

Those who have constant material supplies usually
have a constant mind. Those who lack constant
material supplies usually have no constant mind.

아침에 도를 들으면 저녁에 죽어도 좋다.

〈논어 이인〉

朝聞道 夕死可矣
조 문 도 석 사 가 의

If I grasp the Way in the morning, it would be okay
for me to die that night.

날이 추워진 뒤에야 소나무와 잣나무가 뒤늦게 시드는 것을 알
수 있다.

〈논어 자한〉

歲寒然後 知松柏之後彫也
세 한 연 후　지 송 백 지 후 조 야

Only after the weather gets cold, we can see that
pines and cypresses wither late.

왕께서는 하필 이익만을 말씀하십니까? 인과 의가 있을 뿐입니
다.

〈맹자 양혜왕〉

王何必曰利? 亦有仁義而已矣
왕 하 필 왈 리　　역 유 인 의 이 이 의

How come you just talk about profit? You'd better
focus on benevolence and righteousness.

천하의 넓은 집에 거처하며, 천하의 바른 자리에 서며, 천하의 큰 도를 행하여, 뜻을 얻으면 백성과 함께 도를 행한다.

〈맹자 등문공〉

居天下之廣居 立天下之正位
거 천 하 지 광 거 입 천 하 지 정 위

行天下之大道 得志與民由之
행 천 하 지 대 도 득 지 여 민 유 지

Dwell in the wide house of the world, occupy the proper place in the world, carry out the great Way of the world. When it is possible to realize one's intentions, carry them out for the sake of the people of the world.

나는 날마다 세 가지로 나 자신을 반성한다. 타인을 위한 일들에 충실하였는가? 친구와 교제함에 신의가 있었는가? 배운 것을 복습하였는가?

〈논어 학이〉

吾日三省吾身 爲人謀而不忠乎?
오 일 삼 성 오 신   위 인 모 이 불 충 호

與朋友交而不信乎? 傳不習乎?
여 붕 우 교 이 불 신 호   전 불 습 호

Each day I reflect on myself threefold: in planning for others, have I been disloyal? In befriending others, have I been untrustworthy? Have I not practiced what I had learned?

군자가 세상을 대처함에 꼭 그러해야 함도 없고 꼭 그러지 말아야 함도 없다. 단지 의를 가까이 하고 따를 뿐이다.

〈논어 이인〉

君子之於天下也 無適也 無莫也 義之與比
군 자 지 어 천 하 야　무 적 야　무 막 야　의 지 여 비

A noble man has no fixed yes or no in facing worldly affairs. He sticks to righteousness.

바탕이 꾸밈을 이기면 촌스럽고, 꾸밈이 바탕을 이기면 겉치레이니, 내용과 형식이 어울려야 군자이다.

〈논어 옹야〉

質勝文則野 文勝質則史 文質彬彬然後 君子
질 승 문 즉 야　문 승 질 즉 사　문 질 빈 빈 연 후　군 자

If you just cherish moral virtues and overlook outer looks, you might be unsophisticated. If you just cherish outer looks and overlook moral virtues, you might be pretentious. If only you balance your virtues and looks, you deserve to be called a noble man.

마음이 없으면 보아도 보이지 않으며 들어도 들리지 않으며 먹어도 그 맛을 알지 못한다.

〈대학〉

心不在焉 視而不見 聽而不聞 食而不知其味
심 부 재 언   시 이 불 견   청 이 불 문   식 이 부 지 기 미

When your mind is elsewhere, you can not see what you are looking at, you can not hear what you are listening to, and you can not know the taste of the food you eat.

자신에게 엄격하고 남에게 관대하면 원망이 적을 것이다.

〈논어 위령공〉

躬自厚而薄責於人 則遠怨矣
궁 자 후 이 박 책 어 인   즉 원 원 의

If you admonish yourself strictly and show tolerance to others, then you might not hear complaints from others.

허물이 있어도 고치지 않는 것, 이것이 진짜 허물이다.

〈논어 위령공〉

過而不改 是謂過矣
과 이 불 개　시 위 과 의

It would be a real mistake if you make a mistake and do not fix it.

진실로 날마다 새롭고자 한다면, 나날이 새롭게 하고 또 새롭게 하라.

〈대학〉

苟日新 日日新 又日新
구 일 신　일 일 신　우 일 신

If you really wish to be anew every day, you should renew yourself on a daily basis.

모두 싫어하는 것이라도 반드시 살펴보고, 모두 좋아하는 것이라도 반드시 살펴야 한다.

〈논어 위령공〉

衆惡之 必察焉 衆好之 必察焉
중 오 지　필 찰 언　중 호 지　필 찰 언

You should check out everything whether everyone likes it or not.

자신의 욕심을 이겨 예로 돌아감이 인을 실천하는 것이니, 하루라도 사욕을 이겨서 예로 돌아가면 천하가 어질다고 인정할 것이다.

〈논어 안연〉

克己復禮爲仁 一日克己復禮 天下歸仁焉
극 기 복 례 위 인　일 일 극 기 복 례　천 하 귀 인 언

To overcome ourselves and return to propriety is the way to practice benevolence. If we can overcome ourselves and return to propriety just for one day, the world will come back to benevolence.

예는 호화롭기보다는 검소한 것이 낫고, 장례는 형식에 매이기보다 차라리 슬퍼하는 것이 낫다.

〈논어 팔일〉

禮 與其奢也 寧儉 喪 與其易也 寧戚
예　여기사야　영검　상　여기이야　영척

Rituals would be better frugal than extravagant. Funerals would be better mournful than overly ritualistic.

공손하기만 하고 예가 없으면 수고스럽고,
삼가기만 하고 예가 없으면 두렵고,
용맹하기만 하고 예가 없으면 난폭하고,
강직하기만 하고 예가 없으면 박절하다.

〈논어 태백〉

恭而無禮則勞 愼而無禮則葸 勇而無禮則亂 直而無禮則絞
공 이 무 례 즉 로　신 이 무 례 즉 사　용 이 무 례 즉 란　직 이 무 례 즉 교

If you are polite without propriety, you would waste
your energy in vain.
If you are cautious without propriety, you would be
scared.
If you are brave without propriety, you would be
confused.
If you are upright without propriety, you would be stubborn.

배우기만 하고 생각하지 않으면 얻음이 없고, 생각만 하고 배우지 않으면 위태로울 것이다.

〈논어 위정〉

學而不思則罔 思而不學則殆
학 이 불 사 즉 망　사 이 불 학 즉 태

If you learn but do not reflect, you will be lost. If you reflect but do not learn, you will get into trouble.

옛 사람들은 자신을 위해 학문을 하였는데, 오늘날은 남에게 보여 주기 위해 학문을 한다.

〈논어 헌문〉

古之學者 爲己 今之學者 爲人
고 지 학 자　위 기　금 지 학 자　위 인

In the past, people learned for themselves; nowadays people learn to impress others.

옛 것을 익히고 새 것을 알면 스승이 될 만하다.

〈논어 위정〉

溫故而知新 可以爲師矣
온 고 이 지 신　가 이 위 사 의

If you review what you learned and come to know
new things, you deserve to become a teacher.

아는 사람은 좋아하는 사람만 못하고,
좋아하는 사람은 즐기는 사람만 못하다.

〈논어 옹야〉

知之者 不如好之者 好之者 不如樂之者
지 지 자　불 여 호 지 자　호 지 자　불 여 락 지 자

Knowing it is not as good as liking it; liking it is not
as good as enjoying it.

널리 배우며, 자세히 물으며, 신중히 생각하며, 명료하게 분석하며, 독실하게 실천해야 한다.

〈중용〉

博學之 審問之 愼思之 明辨之 篤行之
박 학 지 심 문 지 신 사 지 명 변 지 독 행 지

You should learn it broadly, inquire it thoroughly, ponder it deeply, discern it clearly, and practice it sincerely.

남이 한 번에 가능하더라도 나는 백 번을 노력해야 하며, 남이 열 번에 가능하더라도 나는 천 번을 노력해야 한다.

〈중용〉

人一能之 己百之 人十能之 己千之
인 일 능 지 기 백 지 인 십 능 지 기 천 지

If others make it in one try, I should try one hundred times. If others make it in ten tries, I should try one thousand times.

하늘은 장차 큰 임무를 내리려는 사람에게 반드시 먼저 그 마음
과 의지를 괴롭게 하고 그 몸을 고생스럽게 하고 궁핍하게 하여
하는 일이 잘 되지 않게 한다. 이것은 마음을 분발시키고 인내심
을 기르게 하여, 부족한 부분을 채워 주기 위함이다.

〈맹자 고자〉

天將降大任於是人也 必先苦其心志
천 장 강 대 임 어 시 인 야　필 선 고 기 심 지

勞其筋骨 餓其體膚 空乏其身
노 기 근 골　아 기 체 부　공 핍 기 신

行拂亂其所爲
행 불 란 기 소 위

所以動心忍性 曾益其所不能
소 이 동 심 인 성　증 익 기 소 불 능

When Heaven is about to assign a big task to
someone, it first tortures his mind, labors his body,
makes him starve, impoverishes him, obstructs
his every plan. All of these challenges are means
to inspire his mind, reinforce his endurance, and
actualize his potential.

법으로 이끌고 형벌로 다스리면, 백성들은 벗어나려고만 하고 부끄러움이 없다.
덕으로 이끌고 예의로 다스리면, 부끄러움이 있게 되고 선함에 다다를 것이다.

〈논어 위정〉

道之以政 齊之以刑 民免而無恥
도 지 이 정   제 지 이 형   민 면 이 무 치

道之以德 齊之以禮 有恥且格
도 지 이 덕   제 지 이 례   유 치 차 격

If the ruler governs the people by law and punishment, the people would just attempt to avoid them without shame. If the ruler governs the people by moral virtues and propriety, the people would feel shame and get closer to goodness.

지혜로운 사람은 물을 좋아하고, 어진 사람은 산을 좋아한다.
지혜로운 사람은 동적이고 어진 사람은 정적이며,
지혜로운 사람은 낙천적이고 어진 사람은 장수한다.

〈논어 옹야〉

知者樂水 仁者樂山 知者動 仁者靜 知者樂 仁者壽
지 자 요 수　인 자 요 산　지 자 동　인 자 정　지 자 락　인 자 수

The wise prefer the sea, while the benevolent prefer the mountains. The wise are active, while the benevolent are tranquil. The wise are joyful, while the benevolent are long lived.

아는 것을 안다 하고 모르는 것을 모른다 하는 것이 제대로 아는 것이다.

〈논어 위정〉

知之爲知之 不知爲不知 是知也
지 지 위 지 지　부 지 위 부 지　시 지 야

You should say "I know" when you know it, and say "I don't know" when you do not know it. This is the right attitude about knowledge.

함께 말을 할만 한데도 더불어 말을 나누지 않으면 사람을 잃고,
함께 말을 나눌만 하지 못함에도 함께 말을 나누면 말을 잃는다.
지혜로운 사람은 사람도 잃지 않고 말도 잃지 않는다.

〈논어 위령공〉

可與言而不與之言 失人 不可與言而與之言 失言
가 여 언 이 불 여 지 언　실 인　불 가 여 언 이 여 지 언　실 언

知者不失人 亦不失言
지 자 불 실 인　역 불 실 언

If you do not share your words with someone who
deserves it, you would lose the person.
If you share your words with someone who does
not deserve it, you would lose your words. The
wise do not lose others as well as words.

하늘의 뜻을 알지 못하면 군자가 될 수 없고
예절을 알지 못하면 스스로 설 수 없고
말을 이해하지 못하면 사람을 알 수 없다.

〈논어 요왈〉

不知命 無以爲君子也 不知禮 無以立也 不知言 無以知人也
부 지 명 무 이 위 군 자 야 부 지 례 무 이 립 야 부 지 언 무 이 지 인 야

If you do not understand the Mandate of Heaven, you cannot become a noble man. If you do not understand propriety, you cannot become morally upright. If you do not understand the words of others, you cannot understand others.

나는 열다섯에 학문에 뜻을 두었고, 서른에 학문적 견해를 세웠고, 마흔에 흔들림이 없었고, 쉰에 하늘의 뜻을 알았고, 예순에는 들으면 그대로 이해되었고, 일흔에는 하고 싶은 대로 하여도 법도에 어긋나지 않았다.

〈논어 위정〉

吾十有五而志于學 三十而立
오 십 유 오 이 지 우 학 삼 십 이 립

四十而不惑 五十而知天命
사 십 이 불 혹 오 십 이 지 천 명

六十而耳順 七十而從心所欲不踰矩
육 십 이 이 순 칠 십 이 종 심 소 욕 불 유 구

At fifteen I set my heart on learning; At thirty I took my stand; At forty I had no doubts; At fifty I realized the Mandate of Heaven; At sixty I understood what I heard with ease; At seventy I could follow my desire without breaking the norm.

시기의 알맞음은 지리적 이로움만 못하고, 지리적 이로움은 사람
들의 화목함만 못하다.

〈맹자 공손추〉

天時不如地利 地利不如人和
천 시 불 여 지 리　지 리 불 여 인 화

Seasonal timings are less important than geographical advantages,
and geographical advantages are less important than the harmony of
the people.

임금은 임금답고 신하는 신하답고
부모는 부모답고 자식은 자식다워야 한다.

〈논어 안연〉

君君 臣臣 父父 子子
군 군　신 신　부 부　자 자

The ruler should behave like a ruler, ministers should behave like a
minister, parents should behave like a parent, and children should
behave like a child.

혹자는 태어나면서부터 알고
혹자는 배워서 알고
혹자는 애를 써서 알지만,
알았다는 점은 똑같다.

〈중용〉

或生而知之 或學而知之
혹 생 이 지 지　혹 학 이 지 지

或困而知之 及其知之 一也
혹 곤 이 지 지　급 기 지 지　일 야

Some know it from birth. Some know it from learning it. Some know
it with difficulties. Once they come to know it, all are the same.

성실은 하늘의 도이고, 성실히 하고자 함은 사람의 도이다. 지극
히 성실한데도 남을 감동시키지 못하는 사람은 없으며, 성실하지
않은데도 남을 감동시킬 수 있는 사람은 없다.

〈맹자 이루〉

誠者 天之道也 思誠者 人之道也
성자　천지도야　사성자　인지도야

至誠而不動者 未之有也 不誠 未有能動者也
지성이부동자　미지유야　불성　미유능동자야

Sincerity is the Way of Heaven and aspiring to sincerity is the Way
of human beings. There has never been a person with thorough
sincerity yet been unable to move others; there has never been a
person without sincerity who has been able to move others.

성실히 하려는 사람은 선을 택하여 굳게 잡는 사람이다.

〈중용〉

誠之者 擇善而固執之者也
성 지 자　택 선 이 고 집 지 자 야

One who makes things perfectly genuine is one who chooses the good and invariably grasps it tight.

싹이 났으나 꽃을 피우지 못하는 것도 있고, 꽃은 피었으나 열매를 맺지 못하는 것도 있다.

〈논어 자한〉

苗而不秀者有矣夫 秀而不實者有矣夫
묘 이 불 수 자 유 의 부　수 이 불 실 자 유 의 부

There are sprouts that never come to flower and there are flowers that never bear fruit.

하늘을 원망하지 않고 사람을 탓하지 않으며, 아래로 인간의 일을 배우면서 위로 하늘의 이치를 통달하니, 나를 알아주는 것은 하늘 인가 보구나!

〈논어 헌문〉

不怨天 不尤人 下學而上達 知我者 其天乎
불 원 천　불 우 인　하 학 이 상 달　지 아 자　기 천 호

I have no resentment against Heaven, nor do I blame people. I study from the bottom and penetrate to the top. It is Heaven that recognizes me!

군자의 도는 비유하자면 먼 곳에 갈 때에 반드시 가까운 데서부터 시작하는 것과 같고, 높은 곳에 오를 때에 반드시 낮은 데서부터 시작하는 것과 같다.

〈중용〉

君子之道 辟如行遠必自邇
군 자 지 도　비 여 행 원 필 자 이

辟如登高必自卑
비 여 등 고 필 자 비

The Way of the exemplary person can be compared to traveling. A distant journey must begin from nearby. It can be compared to climbing. A climb to great heights must begin from below.

군자는 하나의 그릇처럼 국한되지 않는다.

〈논어 위정〉

君子不器
군 자 불 기

An exemplary person is not a vessel [of which capacity and use is limited.]

덕은 몸을 윤택하게 하니, 덕이 있으면 마음이 넓어지고 몸이 펴진다. 그러므로 군자는 반드시 그 뜻을 성실히 한다.

〈대학〉

德潤身 心廣體胖 故君子 必誠其意
덕 윤 신 심 광 체 반 고 군 자 필 성 기 의

Virtue makes a person shine; when a mind is broad, its body is enriched. Therefore, the exemplary persons must make their intentions sincere.

학문을 넓게 배우고, 예로써 요약한다.

〈논어 안연〉

博學於文 約之以禮
박 학 어 문 　 약 지 이 례

Study broadly of culture, discipline it through observing propriety.

날마다 몰랐던 것을 알며, 달마다 그 능한 것을 잊지 않으면 배움
을 좋아한다고 말할 수 있다.

〈논어 자장〉

日知其所亡 月無忘其所能 可謂好學也已矣
일 지 기 소 무 　 월 무 망 기 소 능 　 가 위 호 학 야 이 의

Someone who, on a daily basis, is aware of what it yet to be learned,
and who, from month to month, does not forget what has already
been mastered, can be called to truly love learning.

덕성을 높이고 학문에 근거하니, 광대함을 이루고 정밀함을 다한
다.

〈중용〉

尊德性而道問學 致廣大而盡精微
존 덕 성 이 도 문 학 치 광 대 이 진 정 미

Esteem the virtuous nature and follow the path of inquiry, extending
in breadth and greatness and penetrating all subtleties.

반드시 호연지기를 기르되 효과를 미리 기대하지 말며, 마음에 잊
지도 말고 억지로 조장하지도 말아야 한다.

〈맹자 공손추〉

我善養吾浩然之氣
아 선 양 오 호 연 지 기

必有事焉而勿正 心勿忘 勿助長也
필 유 사 언 이 물 정 심 물 망 물 조 장 야

There must be the constant practice [nurturing your 'flood-like qi],
but do not make adjustments. Let your heart-mind not forget it, but
you must not meddle and try to help it grow.

군자는 아홉 가지 생각함이 있으니, 분명하게 볼 것을 생각하고, 분명하게 들을 것을 생각하며, 얼굴빛을 온화하게 할 것을 생각하고, 외모를 공손히 할 것을 생각하며, 말을 충성스럽게 할 것을 생각하고, 일을 경건히 할 것을 생각하며, 의심스러울 때에는 물어봄을 생각하고, 분할 때에는 어려움을 당할 것을 생각하며, 얻을 것을 보면 의로운지를 생각한다.

〈논어 계씨〉

君子有九思 視思明 聽思聰 色思溫
군 자 유 구 사   시 사 명   청 사 총   색 사 온

貌思恭 言思忠 事思敬 疑思問
모 사 공   언 사 충   사 사 경   의 사 문

忿思難 見得思義
분 사 난   견 득 사 의

Exemplary persons always keep nine things in mind: in looking they think about clarity, in hearing they think about acuity, in countenance they think about cordiality, in bearing and attitude they think about deference, in speaking they think about doing their utmost, in conducting affair they think about sincerity, in doubt they are inclined to question, in anger they think about regret, in sight of gain they think about rightness.

정해진 주량은 없으셨는데, 취할 지경에 이르시지는 않으셨다.

〈논어 향당〉

唯酒無量 不及亂
유 주 무 량 불 급 란

Only in his wine, [the Master] had no set limit, but he never reached a state of confusion.

효는 부모의 뜻을 잘 계승하며, 부모의 일을 잘 이어나가는 것이다.

〈중용〉

夫孝者 善繼人之志 善述人之事者也
부 효 자 선 계 인 지 지   선 술 인 지 사 자 야

Filial piety means being good at continuing the wills of one's parents and at maintaining their ways.

친한 이를 친애함에 차등을 둠과 어진 이를 높임에 등급을 둠이
예가 생겨난 이유이다.

〈중용〉

親親之殺 尊賢之等 禮所生也
친 친 지 쇄　존 현 지 등　　예 소 생 야

The different levels of loving those who are close to you and of
venerating the wise are expressed through ritual propriety.

인격자인 척하며 여론에 영합하는 사람은 덕을 해치는 자이다.

〈논어 양화〉

鄕原 德之賊也
향 원　덕 지 적 야

The "village worthy" is the thief of virtue [because they pretend their
excellence falsely].

나의 부모를 공경하여 남의 부모에까지 미치며, 나의 자식을 사랑
하여 남의 아이에까지 미친다.

〈맹자 양혜왕〉

老吾老 以及人之老
노 오 노 이 급 인 지 로

幼吾幼 以及人之幼
유 오 유 이 급 인 지 유

Treat your aged kin as the elderly should be treated, and then extend
that to the aged of others; Treat your young kin as the young should
be treated, and then extend it to the young of others.

세 사람이 길을 감에 반드시 나의 스승이 있으니, 그 중에 선한 사람을 가려서 따르고, 선하지 못한 사람을 가려서 자신의 잘못을 고쳐야 한다.

〈논어 술이〉

三人行 必有我師焉
삼 인 행   필 유 아 사 언

擇其善者而從之 其不善者而改之
택 기 선 자 이 종 지   기 불 선 자 이 개 지

When walking in a groups of three, there must be my teacher. I draw out what is good in them and follow it, and what is not good in them I alter it in myself.

군자는 학문을 통해 벗을 모으고, 벗으로써 인을 키운다.

〈논어 안연〉

君子以文會友 以友輔仁
군 자 이 문 회 우   이 우 보 인

Exemplary persons attract friends through their refinement, and through their friends develops their humaneness.

공자는 벼슬할 만하면 벼슬하고 그만둘 만하면 그만두며, 오래 머
무를 만하면 오래 머물고 빨리 떠날 만하면 빨리 떠나셨다.

〈맹자 공손추〉

可以仕則仕 可以止則止
가 이 사 즉 사　가 이 지 즉 지

可以久則久 可以速則速 孔子也
가 이 구 즉 구　가 이 속 즉 속　공 자 야

To serve in office when it was proper to serve, to stop when it was
proper to stop, to continue when it was proper to continue and to
withdraw when was proper to withdraw – this was Confucius.

군자는 말은 어눌하게 하고, 실행은 민첩하고자 한다.

〈논어 이인〉

君子 欲訥於言而敏於行
군 자　욕 눌 어 언 이 민 어 행

The exemplary person desires to be hesitant in speech, but quick in
action.

이익을 보면 의로운지를 생각하고, 위태로움을 보면 목숨을 바치며, 오래된 약속에 평소의 말을 잊지 않는다면 이 또한 완성된 사람이라 할 수 있을 것이다.

〈논어 헌문〉

見利思義 見危授命
견 리 사 의　견 위 수 명

久要不忘平生之言 亦可以爲成人矣
구 요 불 망 평 생 지 언　역 가 이 위 성 인 의

If, seeing profit, one thinks of righteousness, encountering danger, one is ready to risk own life, and when long in desperate straits, still do not forget the words they live by – such persons can be regarded to be a complete person.

덕으로 정치한다는 것은 비유하자면 북극성이 제자리에 머물러 있는데도 여러 별들이 그것을 향하는 것과 같다.

〈논어 위정〉

爲政以德 譬如北辰
위 정 이 덕　비 여 북 신

居其所而衆星共之
거 기 소 이 중 성 공 지

When one rules by means of virtue it is like the North Star. It dwells in its place and the other stars position themselves around it.

사람이 멀리 헤아리는 것이 없으면, 반드시 사소하게 근심하는 것이 있게 된다.

〈논어 위령공〉

人無遠慮 必有近憂
인 무 원 려   필 유 근 우

If one does not think far ahead, then troubles are near at hand.

(순임금은) 악을 숨겨 주고 선은 드러내시며, 양 끝을 잡아 그 중을 백성에게 사용하셨다.

〈중용〉

隱惡而揚善 執其兩端 用其中於民
은 악 이 양 선   집 기 양 단   용 기 중 어 민

[Emperor Shun] harbored people's bad points and disclosed their goodness. He grasped both ends and employed the balanced for the benefit of people.

노인을 편안히 해주고 벗을 신의로 대하며 젊은이들을 감싸주고
자 한다.

〈논어 공야장〉

老者安之 朋友信之 少者懷之
노 자 안 지 붕 우 신 지 소 자 회 지

[I would like to] bring contentment to the aged, to share trust with
my friends, and to love and protect the young.

자신을 닦아서 백성을 편안하게 하는 것은 요순께서도 오히려 부
족하다고 여기셨다.

〈논어 헌문〉

修己以安百姓 堯舜 其猶病諸
수 기 이 안 백 성 요 순 기 유 병 저

Cultivating oneself to bring comfort to the people, even Yao and
Shun themselves considered falling short of that.

성실함은 사물의 끝과 시작이니, 성실하지 못하면 사물이 없게 된
다.

〈중용〉

誠者 物之終始 不誠 無物
성 자 물 지 종 시 불 성 무 물

Sincerity is the beginning and end of all things. Without sincerity
there is nothing.

어버이(친척)를 친애하고서 백성을 사랑하고, 백성을 사랑하고서
사물을 사랑한다.

〈맹자 진심〉

親親而仁民 仁民而愛物
친 친 이 인 민   인 민 이 애 물

Love your own parents (relatives) and treat people with humaneness.
Treat people with humanness and cherish things.

"솔개는 날아 하늘에 이르고, 물고기는 연못에서 뛴다."고 하였으
니, 위와 아래에서 하늘의 이치가 드러남을 말한 것이다.

〈중용〉

鳶飛戾天 魚躍于淵 言其上下察也
연 비 려 천   어 약 우 연   언 기 상 하 찰 야

"The hawk flies high in the sky; the fish dances in the pond." This
means that the heavenly principle is observable both high and low.

하늘이 명한 것을 본성이라 하고, 본성을 따르는 것을 도라 하고,
도를 닦는 것을 가르침이라 한다.

〈중용〉

天命之謂性 率性之謂道 修道之謂教
천 명 지 위 성   솔 성 지 위 도   수 도 지 위 교

What Heaven has conferred is called The Nature. Accordance with
this Nature is called The Way. Cultivating this Way is called Education.

만물에는 근본과 말단이 있고 일에는 끝과 시작이 있다. 먼저 해야 할 것과 나중 해야 할 것을 알면, 도에 가까워질 것이다.

〈대학〉

物有本末 事有終始
물 유 본 말　사 유 종 시

知所先後 則近道矣
지 소 선 후　즉 근 도 의

Things have their roots and branches, affairs have their end and beginning. When you know what comes first and later, then you are near the Way.

묵묵히 하며 기억하고, 배우되 싫증내지 않는다.

〈논어 술이〉

黙而識之 學而不厭
묵 이 지 지　학 이 불 염

To quietly persevere in storing up what is learned, to continue studying without respite-is this not me?

민첩하게 하면서도 배우기를 좋아하고, 아랫사람에게 묻는 것을
부끄러워하지 않는다.

〈논어 공야장〉

敏而好學 不恥下問
민 이 호 학   불 치 하 문

He was diligent and fond of learning, and was not ashamed to ask
those of a lower status.

스스로 돌이켜 바르지 않으면 비록 천한 사람이라도 나는 두렵게
하지 못하지만, 스스로 돌이켜 바르면 비록 천만 명이 있더라도
나는 가서 대적할 것이다.

〈맹자 공손추〉

自反而不縮 雖褐寬博 吾不惴焉
자 반 이 불 축   수 갈 관 박   오 불 췌 언

自反而縮 雖千萬人 吾往矣
자 반 이 축   수 천 만 인   오 왕 의

If I refelct on myself and find that I am not right, then won't I fear
facing a bum off the street? But if I reflect on myself and find myself
to be right, then even if it be one hundred toughsand, I will go
forward.

90

사사로운 의도가 없고 반드시 그래야 한다는 것도 없으며 고집하
는 것도 없고 자기에만 갇히는 것도 없다.

〈논어 자한〉

毋意 毋必 毋固 毋我
무 의 무 필 무 고 무 아

The Master eliminated four things: He did not impose his will, he did
not demand certainty, he was not inflexible, and he was not self-
absorbed.

91

생각에 간사함이 없다.

〈논어 위정〉

思無邪
사 무 사

Go vigorously without swerving.

분발하여 먹는 것도 잊고, 즐거워하여 근심도 잊는다.

〈논어 술이〉

發憤忘食 樂以忘憂
발 분 망 식   락 이 망 우

Confucius is driven by such eagerness to teach and learn that he forgets to eat, he enjoys himself so much that he forgets to worry.

사는 곳에 머물 때에 용모를 공손히 하고, 일을 집행할 때에 일을 공경히 하며, 남과 어울릴 때에 마음을 진실하게 해야 한다.

〈논어 자로〉

居處恭 執事敬 與人忠
거 처 공   집 사 경   여 인 충

Let your bearing be reverent at home, be respectfully attentive in managing affairs, and be loyal toward others.

인이 멀리 있는가? 내가 인을 행하고자 하면 인이 바로 내게 이른다.

〈논어 술이〉

仁遠乎哉? 我欲仁 斯仁至矣
인 원 호 재　　아 욕 인　사 인 지 의

Is benevolence far from me? If I intend to be benevolent, benevolence comes from my nature immediately.

앎을 지극히 하는 것은 사물에 이르러 이치를 탐구함에 있다.

〈대학〉

致知在格物
치 지 재 격 물

Extension of knowledge consists of the investigation of things.

옛날에 말을 함부로 내지 않은 것은 몸의 행실이 말에 미치지 못
할 것을 부끄러워해서였다

〈논어 이인〉

古者 言之不出 恥躬之不逮也
고 자 언 지 불 출 치 궁 지 불 체 야

The ancients were wary of speaking because they were ashamed if
their conduct would not match up.

빨리 이루려 하지 말고, 조그만 이익을 탐하지 말아야 한다. 빨리 이루려고 하면 달성하지 못하고, 조그만 이익을 탐하면 큰 일이 이루어지지 않는다.

〈논어 자로〉

無欲速 無見小利
무 욕 속　무 견 소 리

欲速則不達 見小利則大事不成
욕 속 즉 부 달　견 소 리 즉 대 사 불 성

Don't seek quick results; don't attend to matters of minor profit. If you seek quick results, you will not attain succeed in great affairs.

남이 자기를 알아주지 않음을 근심하지 말고, 자신이 능력 없음을 근심해야 한다.

〈논어 헌문〉

不患人之不己知 患其無能也
불 환 인 지 불 기 지　환 기 무 능 야

I will not be concerned at men's not knowing me; I will be concerned at my own want of ability.

벗이 정직하고 벗이 진실하며 벗이 견문이 많으면 유익할 것이고, 벗이 한쪽만 익숙하고 벗이 아첨함만 잘하며 벗이 말재주만 능란하면 손해될 것이다.

〈논어 계씨〉

友直 友諒 友多聞 益矣
우 직 우 량 우 다 문 익 의

友便辟 友善柔 友便佞 損矣
우 편 벽 우 선 유 우 편 녕 손 의

Friendship with the uplight; friendshipwith the sincere; and friendship with the man of muchobservation:-these are advantageous. Friendship with the man ofspecious airs; friendship with the insinuatingly soft; andfriendship with the glib-tongued:-these are injurious.

자기를 수양하되 경으로써 해야 한다.

〈논어 헌문〉

修己以敬
수 기 이 경

Cultivate oneself by being respectful.

성균 논어

초판 1쇄 발행 2023년 2월 4일
초판 2쇄 발행 2023년 8월 31일

지은이 이천승·고재석
펴낸이 유지범
책임편집 신철호
외주디자인 아베끄

펴낸곳 성균관대학교 출판부
등록 1975년 5월 21일 제1975-9호
주소 03063 서울특별시 종로구 성균관로 25-2
대표전화 02)760-1253~4
팩시밀리 02)762-7452
홈페이지 press.skku.edu

ISBN 979-11-5550-584-7 03150

• 잘못된 책은 구입한 곳에서 교환해 드립니다.